# クラスで行う「ユニバーサル・アクティビティ」

コーチング，シミュレーション，トレーニング連動の
ソーシャルスキル育成プログラム

小貫 悟
［編著］

イトケン太ロウ
（伊藤健太郎）
神田 聡
佐藤 匠
［著］

東洋館出版社

# まえがき

　子どもの社会性指導については，長く特別支援教育の領域で研究されてきました。今，こうした方法が，通常の学級の中のどの子にも必要であり，役に立つという認識が広がりつつあります。

　この本は，そうした現状を踏まえて，次の三つの提案をしています。

　一つ目，学級全体でできる社会性指導の方法を示すこと。

　二つ目，全体の指導でうまくいかない子への方法も示すこと。

　三つ目，この二つがうまく連動できるようにすること。

　そのために，学級の中のどの子も育つ〈ユニバーサル・アクティビティ〉，学級担任ができる〈コーチング〉，より個別的な〈シミュレーション〉〈トレーニング〉と，盛りだくさんの社会性指導の方法を詰め込みました。そのエクササイズの数は，なんと166個にもなります。

　このように，たくさんのエクササイズを開発しましたので，けっきょく，この本の執筆には3年かかりました。〈ユニバーサル・アクティビティ〉と〈コーチング〉の執筆を一手に担ったのは小学校教諭である伊藤健太郎氏です。ペンネームはイトケン太ロウ。日々の学級担任の苦労をしっかり見て，現場で本当に使えるものをつくりました。〈シミュレーション〉と〈トレーニング〉は，障害児の専門病院で臨床心理士として勤める佐藤匠氏と神田聡氏がそれぞれをまとめました。今，在る立場，仕事の内容から見て，ピッタリの執筆分担でした。そして，私を含めた4名で数え切れないほどのミーティングを重ね，各方法論の間に整合性があるプログラムに仕上げていきました。

　この間，通級による指導でのソーシャルスキルトレーニングのうまさで定評のある森村美和子教諭に時々ミーティングに参加していただき，たいへんよい刺激をもらいました。また，東京都世田谷区立九品仏小学校の先生方には，実際に学級で使用していただき，この本を世の中に送り出すための最後の一押しをしていただきました。これは，「実践の声」としてまとまりました。

　正直，私自身，こんな大きな構想に基づく本になるなんて想像もしていませんでした。きっと，一番，びっくりし，大変な思いをしたのは，編集者の大場亨氏でしょう。子どもの社会性指導に対する我々の「熱すぎる思い」に応えてくれてありがとう。

　この本は，もう我々の手から離れますが，学級担任として，特別支援教育学級の担任として，専門家として，日々，子どもの社会性指導を実践している方々で，指導方法をめぐる新しい議論が始まるきっかけをつくるものになってくれるようなら，これまでの苦労が報われます。

2015年5月　　　　　　　　　　　　　　　　　　　　　　　　　　　　　　　　［編著者］　小貫　悟

# もくじ

**クラスで行う「ユニバーサル・アクティビティ」**
コーチング,シミュレーション,トレーニング連動のソーシャルスキル育成プログラム

まえがき ………… 001

本書の使い方 ………… 004

## 第Ⅰ章 子どもの社会性指導とは

1　これまでの社会性指導の方法と課題 ………… 008
2　本書が提案する社会性指導の方法 ………… 014

## 第Ⅱ章 学校でつまずく典型場面21
～C-S-Tでしっかり育てる～

### 登校

- 挨拶をしない ………… 022
- 遅刻をする ………… 030

### 朝の支度

- 支度をしない ………… 038
- 整理整頓ができない ………… 044
- 忘れ物をする ………… 052

### 全校朝会・児童集会

- 列に並べない ………… 058
- （朝会などで）話を聞けない ………… 064

## 朝の会
- 予定変更に弱い ………… 072
- 提出物を出しそこなう ………… 080

## 授業中
- （授業中）話を聞けない ………… 084
- 授業と関係のないことをする ………… 092
- 話し合いができない ………… 096

## 休み時間
- 手が出てしまう ………… 104
- 友達に声をかけられない ………… 110
- 遊びの中でルールを守らない ………… 116

## 給食
- 給食時のマナーが守れない ………… 124

## 掃除
- 掃除をしない ………… 130

## 帰りの支度・下校
- 連絡帳を書かない ………… 136
- 寄り道をする ………… 142

## 学級生活のルール
- 人のものを勝手に使う ………… 148
- 日直や係ができない ………… 156

# 本書の使い方

## 😀「基本的な理論を知ってから使いたい」方へ

　第Ⅰ章全体をじっくり読んでください。そこでは，本書で説明する社会性指導の方法だけでなく，「社会性を育てる」ことの原理，これまでの社会性指導の方法，そして，その限界を説明しました。本の最初からしっかり読むのは，本書のプログラムを具体的に使いたい方にとって遠回りのように思えるかもしれません。しかし，逆に，ここから読んでいただくと，本書で紹介したプログラムやエクササイズを，もっと自由に使いこなせるようになるはずです。各プログラム，エクササイズをアレンジするコツは「本質を押さえる」ことだからです。

## 😀「本書のプログラムをすぐに使いたい」方へ

　第Ⅰ章の2の部分を読んでください。ここに本書のプログラムを使用するのに必要なことが書いてあります。ここをさっと読んでいただければ，その概要がわかります。その上で，実際に，どのテーマに取り組むかを決めて，テーマ別に書かれた説明も読んでください。また，実際にプログラムを使い始めて，その使い方に戸惑うことがありましたら，まだ，読んでいない第Ⅰ章の1の部分を読んでください。けっきょく，原理・原則に戻ると，解決することが増えるはずです。このように「使いながら，学ぶ方法」で進めてください。

## 😀「学級全体のアクティビティとしてだけ使いたい」方へ

　学級担任の先生方の中には，学級全体へのアクティビティとしてだけ使いたいという方がいると思います。その場合には，21個あるテーマによって分類した〈アクティビティ〉に，ざっと目を通してみてください。その中から，自分が実際にやってみたいものだけをピックアップします。このアクティビティには適用学年などを設定していません。ご自身の学級を想定してみて，やれそうなもの，やれそうにないものなどを検討してみてください。やれそうにないと思ったものも，内容にちょっとしたアレンジを加えることで，学年を超えて，その学級に合うアクティビティに変身させることができます。ここで参考にしていただきたいのは，各テーマに載せた「実践の声」というコーナーです。これは，実際の小学校で行った際の担任の感想集です。こうした先行例を上手に踏み台にして，アレンジのための豊かなアイデアを出してください。

## 😀「学級の中のつまずいている特定の子にアプローチしたい」方へ

　前述のように学級全体の〈アクティビティ〉を始めると，ついてこられない子が必ず目につきます。こうした子には〈コーチング〉で対応します。〈コーチング〉は〈アクティビティ〉での実際の子どもの反応によってやり方を決めるのですが，もし，クラス全体での〈アクティビティ〉はしないで，特定の子への〈コーチング〉を進めたいということであれば，それも可能です。ただし，その場合には，〈コーチング〉が適切なものになるように，その子のつまずきの分析を普段の様子からしっかり行うことが必要になります。本書の各テーマに示した「つまずきの原因」を例にして，どのような原因があるのかをしっかり観てから〈コーチング〉を行ってください。

## 😀「特別支援教育に特化して使いたい」方へ

　本書のプログラムでは，〈シミュレーション〉〈トレーニング〉を，いわゆる「特別な場での指導」の方法と位置づけています。つまり，通常の学級以外の場での実施です。なぜかと言うと，この二つの方法は，時間と手間がかかる個別的な方法であり，通常の学級の担任が日常的に行うのは無理もあるからです。ただ，特別な場での指導と言っても，通常の学級でも子どもの行動がどう変化するかを観る必要があります。特別な場ではできるけれど，日常を過ごす学級ではできないのでは，もったいないのです。こうしたことを第Ⅰ章で丁寧に説明しています。特別支援教育担当者はぜひ，ご一読ください。

## 😀「学校外での臨床の場で使いたい」方へ

　学校外の療育機関などの場の強みは〈アクティビティ〉〈コーチング〉〈シミュレーション〉〈トレーニング〉という形で整理したアイデアを自由自在にアレンジして活用できることです。一方，対象となっている子が在籍する学級との連動が取りにくいのが弱みとなります。ただし，ここで学級との連動を諦めるのではなく，本書の各テーマに説明した解説文などを下敷きに，その場で行ったものへの子どもの反応を学級担任に伝える機会をつくり，その子のかかわり方によいアイデアが出るように支援，応援してあげてください。本書のプログラムはそもそも通常の学級を想定してつくっていますから，プログラムを実施した後には，きっと，学級担任とつながりやすい話題が見つかるはずです。

　以上に説明したこと以外でも，それぞれの立場，考え方に沿って，自由に本書を使い切ってください。

# 第I章 子どもの社会性指導とは

##  1 これまでの社会性指導の方法と課題

### 「社会性を育てる」ということ

　学校には「教科を学ぶ」側面と「社会性を学ぶ」側面の大きく二つの要素があります。「教科を教える」ための理論化は進んでいます。そのおかげで，教師になった１年目の先生でも授業をもち，教科内容を教えることができます（もちろん，経験を積んでいく中でもっと上手に教えることができるようになります）。しかし「社会性を育てる」面についてはどうでしょうか。正直，社会性を育てるための理論，方法論が明確になっていると言い切るのは難しいかもしれません。

　それでは，どうやって子どもたちの社会性を育てていけばよいでしょうか。これを一言で言うのは，もちろん不可能です。ただ一つだけ，はっきり言えることは「社会性は体験を通じて身につく」という事実です。つまり，「社会性を育てる」ための教育的な働きかけとは「どのような体験を提供できるか」ということなのです。本書は，このテーマを理論的にあるいは実践的に考え，みなさんに一つの方法をお示ししてみようと考えています。

### 〈ソーシャルスキル〉という言葉

　「社会性を育てる」という言葉はとても抽象的です。そもそも〈社会性〉という言葉から生まれるイメージは一人ひとりまったく違ったものなのです。実際に，子どもを前にして「社会性を育てよう」と考えたときに，何から始めたらよいのか途方に暮れた気持ちになるのは，その曖昧さが原因です。そこで，社会性指導の方法を具体的に考えていくためには〈ソーシャルスキル〉という言葉を使うと便利です。〈ソーシャルスキル〉は人の社会性をつくっている一つひとつの具体的な行動の基になっているものです。たとえば，〈朝，その日に，その人と会うのが初めてである場合には「おはよう」と言う〉ということが一つの〈ソーシャルスキル〉です。このように社会性という曖昧なものを〈ソーシャルスキル〉という具体的なイメージがもてる言葉に置き換えて考えていくのです。

　ところで，上記の例の「おはよう」ですが，このことを一つ知っているだけでは，もちろん，人とのつながりはうまく保てません。他にも〈ソーシャルスキル〉として「こんにちは」も「こんばんは」も「さようなら」も「ありがとう」も「ごめんなさい」もあります。このように〈ソーシャルスキル〉は数えきれないくらいたくさんあります。この無数にある〈ソーシャルスキル〉をたくさんもっていて，たくさん使いこなせる人を見ると「あの人は社会性がある」などと言います。つまり，一つひとつのソーシャルスキルを丁寧に確実に身につけさせていくのが「社会性を育てる」ということの実態なのです。

## 〈ソーシャルスキルトレーニング〉の原理

　ソーシャルスキルを育てる方法論として有名なのは〈ソーシャルスキルトレーニング〉です。SSTと省略される場合もあります（本書でも以下，SSTと表記します）。最近では，このSSTを紹介，解説，説明している本はたくさん出ています。SSTの原理を，あまり難しく考える必要はありません。一言で言えば「ソーシャルスキルを使って，うまくいった体験を積む場をつくる」ということです。このことを，もう少し説明します。

　すでに述べたように，社会性は「体験を通してしか身につかない」という特徴をもちます。このことに反論はないと思います。社会性が育つためには現実の体験を必ず必要とします。しかし，ただたんに，子どもを社会的場面に放り込めば社会性が身につくというものでもありません。大事なのは，具体的なソーシャルスキルを使って，人との関係がうまくいく（成功する）ことが大切なのです。この「成功体験」によって，そのソーシャルスキルを使った体験がその子の中に残っていきます。これを繰り返すことで，身についたソーシャルスキルが増え，社会性が伸びていくのです。

　しかし，発達に偏りがある子の場合には，学校生活で「成功」を伴う体験を十分に確保することが難しい子もいます。そこで「成功体験」が得られやすいように，学校場面とは別に小さな社会的場面をつくるという方法を取ることがあります。これが「小集団指導」あるいは「グループ指導」と呼ばれるものです。発達障害のある子へのSSTが基本的に小集団の形態を取るのはそうした理由です。

　小集団指導の方法が成立した背景はそうした経緯ですから，そこに参加している子がその場でソーシャルスキルを使用しての成功体験を積めていないならば，見た目はそう見えても，それはSSTとは本質的には違うものと考えなければならないのです。そのような状態では，SSTの有効性はないのです。

## SSTの課題

　長く教育現場で存在感のあるSSTですが，もちろん限界もあります。特に問題になるのが「般化」の問題です。

　「般化」とは，SSTの場面でできたことが，別の場面でもできるようになることです。ある特定の場面でしかできないのであれば，そのスキルは役に立ちません。先に説明したとおり，SSTは成功体験を得やすいように，在籍する学級とは別の場に小集団をつくり，実施されることが多いのです。一方で，これは，日々を過ごす社会的場面（学級場面）からの「切り離し」を意味します。残念ながら，いったん，学級から離す形でトレーニングしたために，その小集団場面で得た成果（スキル）を日々の学級での生活でも使えるようにする配慮が新たに必要になるのです。これがSSTの大きな課題です。

## スキルの般化を促す方法〜その1：コーチング〜

　筆者は，これまでSSTを実施する中で，よく保護者から「うちの子は学校でうまく人とかかわれないので，先生の小集団でのSSTを受けることにしたのだけど，いつになったら学校で，上手に人とかかわれるようになりますか」という質問をたびたび受けてきました。これはまさに般化の問題です。こうした質問を受けると答えに窮します。なぜなら，SSTに参加したからといって，そんなに急に社会性が伸びるわけではないからです。ここまでに説明したように，地道に一つひとつのスキルを積み上げていくのには，相応の時間と手間がかかります。このことを，以下にスポーツに喩えて説明してみます。

　SSTとはスポーツの世界での「筋力トレーニング」に近いものです。何かスポーツを始めるときには，まずは，そのスポーツに必要な体力，筋力トレーニングから始めます。筋力がつき始めた頃に「そろそろ試合に出て勝ちたい」と言っても，それは無理でしょう。筋力をつけたからといって，試合で勝てるわけではないのです。SSTでも，それと似たことが起きるのです。SSTで行われるスキル獲得は，たとえば「人の話に耳を澄ます」とか「相手の気持ちを考える」などといった内容になります。これはすべて人との関係の中で必要なことばかりです。しかし，これによって身につけたことは，ちょうど筋力トレーニングで獲得したものに近い基本動作なのです。これらができるようになったからといって，すぐに現実の人とのかかわりの中でのさまざまな事柄がうまくいくわけではありません。スポーツの世界での「試合」場面は，SSTの視点からは「学級での生活」場面と考えられ，同じようなことが起きるのです。

　それでは，スポーツの世界では，その問題をどうクリアしているのでしょうか。その一つが〈コーチング〉という方法論での対応です。実際には「コーチ」と呼ばれる人がその役割を担います。〈トレーニング〉で身につけたことを，試合場面で適切に〈コーチング〉して発揮させるのです。〈コーチング〉では状況を説明し，適切なスキル使用のタイミングを示し，その発揮を促します。ちなみに〈トレーニング〉は，英語で書けばTrainingですから語源は「列車」，つまり「その子の力を引っ張り上げていく」というイメージがあります。一方，〈コーチング〉はCoachingですから，語源は「馬車」，つまり，その子を目的地まで運び届ける意味があります。「結果を出す」ということです。社会性指導においても，この〈コーチング〉を「学級場面」で適切に行うことが必要なのです。

## スキルの般化を促す方法〜その2：シミュレーション〜

　そして，もう一つ，社会性指導の方法として位置づけられるものに〈シミュレーション〉があります。これは，現実の社会的な場面にいるわけではないのですが，その場面を想像して，そういう場面に「いるとしたら」どうふるまうかを考える方法です。

　〈シミュレーション〉に属する方法のうちで，最も有名なものは「ロールプレイング」で

す。「もし，ここが○○の場面で，△△のようなことが起きたら，どうするかな？　ここで演じてみよう」などというように，想像の場面でシミュレーション学習をしてみるのです。また，場面別の「絵カード」「ワークシート」や，低学年に対して「ペープサート」「紙芝居」などを使った方法も，この〈シミュレーション〉に分類できます。〈シミュレーション〉の長所は，想像を使うので，あらゆる場面を想定することができ，多様なスキルに触れることができる点です。一方，短所は，スキルの使用場面や使用の仕方などを知識として学ぶだけの方法なので，スキルの種類や使い方などの知識はたくさんもっているのに，それを実際に発揮したり，使用したりができないということが起きる点にあります。つまり「こんなときには，どうしたらいい？」と聞くとスラスラ正しい行動を答えることができるのに，実際に，そのように行動できないということです。

## 三つの方法を連動させる

ここまでの説明をまとめる意味で〈トレーニング〉〈コーチング〉〈シミュレーション〉の三つの方法の関連を図に示すと，図1のようになります。

まず，図1の右側の大きな円が学校・学級場面です。子どもは主にこの場面で社会的な体験を積み，社会性を身につけます。さまざまなソーシャルスキルを発揮して成功体験が得られると，そのスキルが自分のものになっていきます。

しかし，残念なことに，発達障害のある子の場合，この場面で失敗する体験が増えてしまうのです。そのために，成功体験を積み上げやすいように社会的場面を小さく設定します（小集団場面）。それが図の左側の小さな円です。ここで，スキルを発揮し，うまくいく体験をしっかり積みます。つまり，ここで〈トレーニング〉を行います。その際に問題になるの

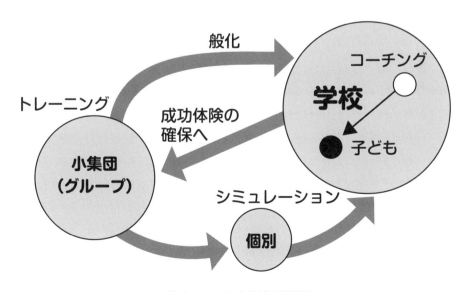

図1　三つの方法論の関連図

が「般化」です。小集団場面でできたことを学校・学級場面でも発揮させたいのです。

そこで活躍する機能が，右の円の中での〈コーチング〉です。〈トレーニング〉の場面でできたことを〈コーチング〉することによって，学校・学級場面でも発揮できるようにします。このためには，トレーナー（トレーニングを行う人）とコーチ（コーチングを行う人）の密な連携が必要です。

また，般化を支える，もう一つの方法に〈シミュレーション〉があります。これが左側の円と右側の円をつなぐ機能を果たします（図の下部）。この方法によって小集団の中でできたことを「学校・学級場面ではどうやったらいいかな」といった形で考える機会をつくり，〈トレーニング〉で獲得したスキルを場面が変わったときにも発揮できるようにするのです。

## 必ずしも，別々の場で行う必要はない

ところで，ここまでの説明では〈トレーニング〉〈コーチング〉〈シミュレーション〉は，それぞれ別々の場をつくらなければできないというような印象を与えたかもしれません。しかし，必ずしも，場を分けて行う必要はありません。たとえば，学級担任が，学級の中で特別な活動をして「成功体験」を得て（トレーニング），それを別の時間でも発揮させるように促し（コーチング），うまくいったり，いかなかったりしたことを別の機会に話したりする（シミュレーション）と，それは，1人の学級担任が学級という場の中で三つのアプローチをすべてやっていることになります。図1での説明はあくまでわかりやすさを追求したので，別の場が絶対に必要であるかのような印象を与えているに過ぎません。

また，この「場を変えない」で行う方法には，学級などの場からの「切り離し」がありませんから，SSTでいつも問題になる「般化」の問題が最小限になります。実は，筆者らがこの本を書くことにしたのは，極力，場を変えずに行える社会性指導がないものかという問題意識からなのです。その方法の詳細は，後述します。

## 社会性指導の成功の秘訣は「三つの方法のバランス」にあり

以上に〈トレーニング〉〈コーチング〉〈シミュレーション〉の三つの方法と，それらの関連を説明しました。私たちが子どもに対して「社会性」を身につけさせたいと思ったときには，この三つの方法のうちのどれかの要素が入ったアプローチを選択していることが多いのです。今，実際に行われている社会性の指導は「成功を伴う社会的場面での体験を積もう」というアプローチをしているのか，「子どもの日常的な社会的場面で声かけなどを通して結果が出せるように導こう」というアプローチなのか，「現実の社会的場面から少し距離を置いた場で振り返ったりしながら，そんなときにはどうしたらよいかを考えさせる」アプローチをしているのか，大抵，この3種類のやり方に集約されるはずです。つまり，この三つの方法論の視点をもっていると，どのような仮説で自分が子どもに社会性を身につけさせよう

としているのかが整理されるのです。

　さらに筆者の主張を続けると，子どもへの社会性指導として実際に行っているものが，この三つの方法論によるアプローチのうちのどれか一つに偏っていると，思ったような成果が出ないということです。たとえば，特別支援教育でいう「通級による指導」で〈トレーニング〉を受けている子が，在籍する学級での〈コーチング〉が不十分だったり，学級の中で起きた出来事を後でよく考えるための〈シミュレーション〉の機会がつくられていなかったりすると，現実には〈トレーニング〉での蓄積が生かせないままで終わることがとても多いのです。

　筆者は，1人の子どもに対して，この三つの方法によるアプローチをバランスよく行うことが，もっとも成果が出る社会性指導だと考えています。

##  2 本書が提案する社会性指導の方法

ここまでに，
① SSTの方法論で，なぜ社会性が育つのか
② 〈トレーニング〉の課題とそれを補う方法としての〈コーチング〉〈シミュレーション〉
③ 三つの方法の連動とバランスの大切さ

の3点について，説明してきました。こうしたことを順番に考えていきますと，社会性を育てるということの原理が少し整理され，同時に課題も見えてきます。そうなると，これまでの方法にこだわるだけでなく，もっと時代に即したやり方を創り出すことができるようにも思えてきます。

そこで，本節では，まず，今，起こっている教育界の変化と，その理念などを確認してみます。その上で，そうした流れに沿った新しい社会性指導の方法論について説明したいと思います。つまり，ここで，本書の提案する社会性プログラムの中身の解説を行います。

### 教育全体の新たな動きとその視点

わが国の特別支援教育は「インクルーシブ教育システム」の構築を進めています。これは障害がある子を社会の中に「包み込み」，しっかり育てていこうという理念です。

この考えをこれまで説明したSSTの原理に当てはめてみると，いろいろと考えてみなければならないことが見えてきます。SSTの原理に沿って「成功体験の確保しやすさ」から，学校・学級などの集団からいったん離して小集団形態での社会的場面に参加させるという方法論は，もしかすると，インクルーシブの流れからは逆行と見られるかもしれません。物理的に集団から離すことなく，しかしSSTに劣ることのないスキル獲得が有効に行える方法はないかを真剣に考えてみなければなりません。

### 学級で始める「ユニバーサルデザイン」によるソーシャルスキル指導

前述したように「社会性を育てる」ことは，通常の学級の中の大きなテーマです。そして，そのやり方，方法は学級担任に任せられてきました。このことは決して悪いことではありません。いろいろな価値観や考え方をもった担任との関係の中で，社会との関係や，役割の果たし方などを学ぶことができるのです。しかし，一方で，そうした担任任せの社会性指導に限界も見えてきています。社会全体の価値観が多様化し，一人ひとりの個性に応じた指導のバリエーションを増やしていく必要性が高まっているからです。つまり，社会性を育てる難しさは，発達に偏りがある子ばかりに限らなくなってきているのです。長く，子どもの社会

性を育てることに従事してきたベテランの教師であっても，そのことを，きっと実感していることでしょう。

今，「すべての子」を対象にした社会性指導のプログラムが求められています。教育現場に求められている発想の転換のキーワードは「ユニバーサルデザイン」です。「ユニバーサルデザインによる社会性指導」の方法を考えなければなりません。

### 米国に学ぶ特別支援の発想

近年，米国の特別支援教育システムにおいて大きな転換がありました。それはRTIと呼ばれる特別支援を要する子の判断方法が導入されたことです。RTIとはResponse to intervention（指導への反応）を略したものです。これが，どういうものかと言えば，ある子に特別な支援を行うかどうかを決めるにあたって，その決定の根拠は「実際に指導をしてみての結果によって」という発想です。通常の学級で，その子に指導をしてみたときに，指導したことへの成果がうまく出ない，期待していた結果が出ないなどの「反応」が生じたときに，その様子から特別支援教育が必要かどうかを決めようというものです。これは障害名が決まってから特別な支援をするかどうかを決めるという発想ではないので，学習が決定的に遅れてしまうことを防ぎます。一方，教え方が上手でなければ，当然，子どもの反応も悪くなるので，特別な支援が必要だと誤って判断してしまう難しさもあります。

総じて言えば，指導の様子から判断する方法は，とにかく子どもの様子をモニターし続ける必要があり，その結果，対応遅れの後悔を少なくすることができるので，ぜひ，日本でも参考にしたい考え方ではあります。

ここで，今日的な教育テーマから導かれる今後の社会性指導のあるべき姿の要点をまとめると，
　① 今，わが国は障害の有無を超えて，子どもすべてが，できるだけ同じ環境で学べる工夫が求められている。
　② ①の考えは，逆にSSTの原理の弱点（般化の問題）を補う可能性がある。
　③ 特別な支援が必要かどうかは，実際の指導の効果を通して決められるべきである。
などになります。

この三つの要素が社会性指導における未来像に大きく関係してきます。これらをうまく取り入れた方法論が必要になっています。

### 四つの社会性指導の方法を体系化する

ここで，いよいよ，具体的な提案をしたいと思います。それは，
　① ユニバーサル・アクティビティ

② コーチング
③ シミュレーション
④ トレーニング

の四つの方法を，通常の学級から特別支援教育を行う場までに，またがる形で展開するということです。図2を見てください。

これが四つの方法を連動させるイメージ図です。まず「社会性を育てる」ことは「どの子にとっても必要な視点である」ことを前提にして，特別な支援の必要性の有無にかかわらず，クラス全体での〈ユニバーサル・アクティビティ〉を行います。

そして，このアクティビティでうまくできない子には担任が個別的な〈コーチング〉を行います。このコーチングに先立ち「なぜ，アクティビティができないのか」を分析する必要があります。これが「つまずき分析」です。ここでの適切な分析によってつまずきの原因が理解されたならば，それを基にしたコーチングを行います。それによって，その子が適切な行動を生み出すことができれば，ひとまず学級での社会性指導がうまくいったということになります。ここまでは特別支援教育という枠では考えません。

しかし，個別的なコーチングでもうまくいかない場合には，学級外での個別指導（特別な場での指導）を行う必要が出てくるかもしれません。この段階での社会性指導の方法としては〈シミュレーション〉が有効です。シミュレーションによって，なぜ，このようなことが起きているのか，どのような行動がよい結果を生むのかなどを個別的に考えてみる機会をつくるのです。

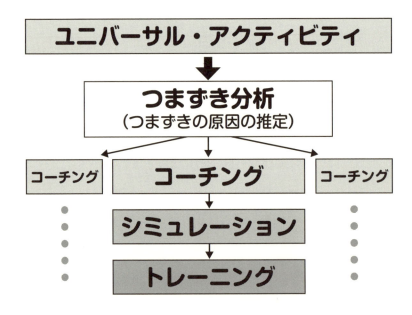

図2　四つの方法の連動イメージ

そして，それでも，まだ効果が出ない子には，さらに〈トレーニング〉へと方法論を深めていきます。これは小集団による集中的な社会性指導です。

こうして段階を深めていくプロセスの経過中，たゆまず「つまずき分析」を行います。その結果，その子のつまずきの原因の理解が深まり，より適切な指導内容が決まっていきます。このような形で指導を進めていく方法を本書では体系的に示そうとしています。

## 四つの方法を連動させた例

たとえば「学校に着くのが遅くなりがちな子」つまり「遅刻が気になる子」がクラスにいるとします。その場合には，当然，その子だけを指導したくなります。しかし，クラスの中には，早く登校しすぎる子，遅刻をしているわけではないけれど，実はギリギリの時間帯に慌てて登校している子などもいるでしょう。

そこで，「遅刻しない」というテーマをクラス全体での〈ユニバーサル・アクティビティ〉として行います。本書で紹介しているのは「グッドゾーン登校」です（P030 参照）。これは黒板に時間軸が書いてあり，一人ひとりが，自分が実際に登校した時間目盛りに印をつけるというものです。これでクラス全体の登校時間の傾向が一目で見えます。このアクティビティによって，学級担任が設定した「グッドゾーン」にみんなが入るように自然な指導を行います。

しかし，もちろん，これが上手にできない子もいることでしょう。そこで，学級担任として，その子と話し合います。ここからが〈コーチング〉のスタートです。そうすると，たとえば，その子の時間感覚の弱さが見えてきたりします。急がないといけない状況でも，それに気づかなかったり，途中で何かに気を取られて寄り道してしまったりしているのかもしれません（つまずき分析）。そこで，保護者と協力したり，本人に任せたりする形で「登校ナビゲーション」というコーチングメニューを実施します（P032 参照）。これは，登校する通学路にポイントを決め，実際の通過時間などの情報を集めていくものです。こうした情報を基にして，その子と振り返りを行い，徐々に修正を試みます。

しかし，これでもうまくいかない場合には，まずは遅刻しないための意識づくりから始めます。〈シミュレーション〉によって，登校中のどんなときに「学校に行く」のを忘れるのかなどを，個別的な場面で指導者と考えます。そうしたことが上手に見つかれば，その修正に取り組みます。

これでもなかなかうまくいかない場合には結果を焦らずに，まずは「時間感覚を育てる」ことをテーマにした〈トレーニング〉に取り組みます。通過時間を決めた校内オリエンテーリングゲーム（P033 参照）などを通して，距離と時間の感覚などの芽を育てることから始めます。また，こうしたことと並行して，上記の三つの方法も継続的に使用して，スキル発揮についての変化を確認することも大切です。

## どのような「つまずき」をテーマにすべきか

　本書では，登校してから下校するまでの学校場面での代表的なつまずきを時系列に「テーマ」として選定しました（時間が特定できないものは最後にまとめました）。
　それが以下の21のテーマです。
　・挨拶をしない
　・遅刻をする
　・支度をしない
　・整理整頓ができない
　・忘れ物をする
　・列に並べない
　・（朝会などで）話を聞けない
　・予定変更に弱い
　・提出物を出しそこなう
　・（授業中）話を聞けない
　・授業と関係のないことをする
　・話し合いができない
　・手が出てしまう
　・友達に声をかけられない
　・遊びの中でルールを守らない
　・給食時のマナーが守れない
　・掃除をしない
　・連絡帳を書かない
　・寄り道をする
　・人のものを勝手に使う
　・日直や係ができない

　どうでしょうか？　どのような学級でも課題になりがちな子どものつまずきではないでしょうか？
　この「テーマ」ごとに一つの〈ユニバーサル・アクティビティ〉を紹介しています。このアクティビティを通じて，それがうまくいかなかった場合には，つまずきの原因を推定してください。本書では代表的と思われる「つまずきの原因」ごとに〈コーチング〉のエクササイズ例を紹介しています。そこにつながる形で〈シミュレーション〉〈トレーニング〉を，それぞれのセットにして紹介しています。これらのエクササイズは，あくまで，子どもの状況を見てアレンジして使っていただくためのアイデア集に過ぎません。ぜひ，各学級，対象になった子どもに合わせて，さまざまに，細かく，あるいは大きく，カスタマイズして使用してください。

## 〈ユニバーサル・アクティビティ〉実施のポイント

　本書に紹介した〈ユニバーサル・アクティビティ〉は、そのままでは、学年によって、できるもの、できないものもあります。しかし、ちょっとしたアレンジを加えるだけで、さまざまな学年でも使用可能になります。そのため、本書ではあえて「適用学年」などの情報を加えませんでした。本書で示したシンプルなアイデアをベースにして、学校、学年、学級、それぞれのファクターに応じて適切なアレンジを加えて、その前の子どもが、どんどん育つ実感のあるエクササイズにしてください。

## 〈コーチング〉実施のポイント

　図2に示したように、〈コーチング〉では〈ユニバーサル・アクティビティ〉の結果を基にした「つまずき分析」によって、その原因を想定し、実施するエクササイズを変えます。

　しかし、本書ですべてのつまずきの原因の例を網羅できているわけではありません。実際の場面では、もっと別のつまずきの原因も見つかるかもしれません。そんなときには、上手に本書を下敷きにしてアイデアを出してください。本書が示したつまずきの原因の中で、目の前の子のつまずきの原因はどれが一番近いのか考えてみてください。もし、それがまったく違ったものであるならば、本書で示したつまずきの原因の例とは関係なしに、示された多くのエクササイズ中に参考にできそうなものがないかを探してみてください。こうした使い方をしていただけると、何かしらのアイデアが出るようにと、心を割いてエクササイズを考案したつもりです。

## 〈シミュレーション〉実施のポイント

　ここからは、ある程度の個別指導、取り出し指導の形態を必要とするため、線引きとしては特別支援教育の方法と位置づけました。シミュレーションの弱点はすでに述べてきたとおりです。

　念のため、繰り返し説明しますと、〈シミュレーション〉は実際の「体験」をセットしないやり方なので、どうしても机上の空論になりやすいのです。他の〈アクティビティ〉〈コーチング〉〈トレーニング〉には、何らかの「体験」が伴います。そのため〈シミュレーション〉では、他の方法論と上手に連動させ、その弱点を補う工夫が必要なのです。

## 〈トレーニング〉実施のポイント

　〈トレーニング〉の実施に関しては、基本的には小集団の形態を想定してエクササイズが紹介されています。そのため、特別支援教育での（「特別な場」での）使用に適しています。

また，本書で紹介しているエクササイズを見ていただければ気がつくと思いますが，〈トレーニング〉段階までいくと，通常の学級での具体的なつまずきへの指導のイメージからはかなり離れ，根本的，基本的な力をつけるような方法になっています（その理由は本章の1の部分でくわしく説明しています）。トレーニングを行う指導者は，ぜひ，本書の紹介する社会性指導の四つの方法の体系図（図2）をさかのぼる形で，学級での方法との連動を意識してください。それによって〈トレーニング〉で行っていることを，実際の生活の中で生かせる工夫が見えるはずです。また，逆に学級担任が，〈トレーニング〉の方法までを知ることで，〈アクティビティ〉や〈コーチング〉に新しいアイデアをもてることもあります。たとえば〈トレーニング〉の方法をクラス全体でできるようにアレンジすれば，学級での〈アクティビティ〉の位置づけでSSTが可能になります。

　以上が，本書が生まれた背景，本書が提案する方法論，そして，実施に際しての留意点です。

　繰り返しになりますが，本書のアイデアにそれぞれの学級の実態に合わせたアレンジを加えて使用していただき，真に，子どもたちのためになる指導方法に高めていただけることを願っています。

# 第Ⅱ章

## 学校でつまずく典型場面21
### ～C-S-Tでしっかり育てる～

## 登校

# 挨拶をしない

### 子どもの様子と支援のポイント

「挨拶」の重要性を語る言葉はいくらでも見つかります。このことは発達障害のある子どもにも言われはじめています。特に年齢が上がり就職（就労）の時期に「挨拶ができるかどうか」は非常に重要になってきます。職場では日々の人間関係の形成だけでなく，外部のお客様などとの関係もあります。それをよいものにできるかどうかは挨拶次第です。そのため就職の条件として「挨拶ができること」が第一にあがる事項になっています。まだまだ先のことのように思えますが，挨拶スキルは一朝一夕にはできあがりません。小学校時代からの地道な積み上げの賜物です。

---

**ユニバーサル・アクティビティ**　「ハイタッチ de あいさつ」

**ねらい**　＊自分からすすんで挨拶をする。

**流れ**
① 「おはよう」「こんにちは」「さようなら」を言う場面で，ハイタッチをしながら挨拶するということを確認する。
② 挨拶週間と絡める等，期間を決めて取り組ませる。

**ポイント**
＊できるだけ今まで挨拶しなかった人とできるように促す。
＊階段等で行うと危険なので，教室の中で行う。
＊何人と挨拶をしたかを数えたり，初めて挨拶した人にはボーナスがあるなどのポイントを記録したりするというアレンジもできる。

---

### 実践の声

「自ら進んで挨拶」と指導してきましたが，なかなか実現しませんでした。このアクティビティをしてからは，挨拶するときに楽しく和やかな雰囲気ができ，距離感が縮まった感じがします。ハイタッチのときの力加減などを相手によって変える思いやりも出てきました。

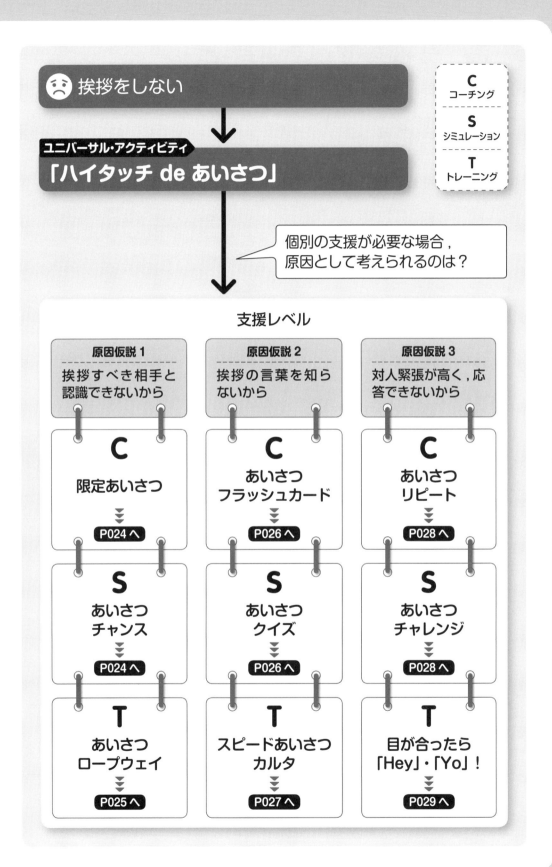

## 原因仮説 1 ▶▶▶ 挨拶すべき相手と認識できないから

### C

#### 限定あいさつ

誰に挨拶をすればいいか，事前に知らせることで挨拶を促します。相手が絞られることで，子どもの目的意識が高まります。

- ●ねらい
  - ＊学校の中で挨拶ができるようになる。
  - ＊決められた人と挨拶をする。
- ●準備物
  - ＊「あいさつリスト」
    ……挨拶する相手のリスト
- ●コーチングの流れ
  ① 対象となる子どもと相談して，挨拶する人，人数を決める。
  ② 「あいさつリスト」をつくる。
  ③ 時間帯を決めて，挨拶をさせる。
  ④ 「あいさつリスト」を使って，挨拶ができた人，できなかった人の振り返りをする。
  ⑤ 次回の目標を決める。
- ●コーチングのポイント
  ＊挨拶をする相手は，子どもにとって身近な人から設定する。
  ＊挨拶をする人数は少なくても，確実に挨拶ができたという成功体験を増やす。
  ＊振り返りがとても大切であるので，子どもの実態を見ながら，相手や人数の設定を慎重に行う。
- ●ひとくちメモ
  ＊相貌認知（相手の顔や表情の認識）に課題のある子どもの場合は，「あいさつリスト」に顔写真を入れるとよい。
  ＊子どもの実態により，挨拶の相手を教師にするか，友達にするかを決める。

### S

#### あいさつチャンス

クラスメイトにどのようなタイミング，場面で挨拶をするか事前に計画することで，挨拶をする意識を高めます。

- ●ねらい
  ＊挨拶する意識を高める。
- ●準備物
  ＊クラスメイトの写真
- ●シミュレーションの流れ
  ① 子どもにクラスメイトの写真を見せて名前を確認する。写真の中から挨拶する子どもを4～6人決める（最初は班の人にしてもよい）。
  ② 挨拶は「仲良くなるきっかけ」となることを確認し，挨拶することへのモチベーションを高める。
  ③ ①で選んだ子どもと「いつ」「どこで」挨拶するか決める。
    例：いつ：朝　どこで：昇降口で
  ④ 担任に連絡をし，挨拶ができていたか確かめてもらう。
- ●シミュレーションのポイント
  ＊③の「いつ」「どこで」が決められない場合には，挨拶をしようと決めた子どもたちと最初にどこで会うか思い出す，もしくは観察する宿題を出す。
- ●ひとくちメモ
  ＊挨拶に自信がない子の場合には，挨拶できる「先生」を増やすことから取り組んでもよい。

| C | S | T |
|---|---|---|
| コーチング | シミュレーション | トレーニング |

## T

# あいさつロープウェイ

このエクササイズは「誰に挨拶をするべきか」がわかりづらいために「挨拶する」という行動が身につきにくい子どもに対して行います。楽しみながら行うのがポイントです。

●ねらい
　＊挨拶は誰にするものなのかを知る。
　＊挨拶すべき人を瞬時に認識できる。

●準備物
　＊身近な人の写真（家族，教員，友達など）
　＊写真を移動する器具（ロープを張って，そこに写真を括り付けて反対側へ渡す）
　＊早押しボタン

●トレーニングの流れ
　① 2人組のペアをつくり，ロープを渡ってくる写真が見える位置に座る。
　② 指導者は写真を1枚ずつロープウェイのように渡していく。子どもは，自分が挨拶すべき人の写真が通ったときにボタンを押す。
　③ 正解したら1ポイント入り，ペアを替えながら何度か繰り返す。

●トレーニングのポイント
　＊誰に挨拶すべきかがわからない子どもが多い場合には，どういう人に挨拶をすべきかを事前に教示する。「家族→友達→学校の先生→近所の人→一度会ったことがある人→知らない人」のように，身近な度合いの順に連続線上に並べ，どこまでの人に挨拶するかを答えてもらう。もしくは，「知っている人」「知らない人」がそれぞれどんな人であるか（「話したことがある人は知っている人」など）を検討するなど，参加者のレベルに合わせて教示し，全員で共有しておく。

●ひとくちメモ
　＊顔の一部を隠す，同じ人で表情を変える，眼鏡や帽子を装着するなど，写真に変化をもたせることで難易度を調整する。
　＊一度に何人もいると挨拶すべき人を認識しにくくなる子どもの場合には，パソコンなどを使用して一度に複数の写真を提示し，挨拶すべき人が何人いたかを答えてもらうエクササイズにしてもよい。

**2** ▶▶▶ 挨拶の言葉を知らないから

## C

### あいさつフラッシュカード

遊び感覚で，いろいろな挨拶の言葉に触れます。挨拶の言葉を増やすとともに，その言葉を使う場面も一緒に意識づけるようにします。

●ねらい
　＊挨拶の言葉を増やす。
　＊状況と挨拶の言葉を関連づける。
●準備物
　＊「あいさつフラッシュカード」（言葉編）
　　……「おはよう」「こんにちは」等，文字による挨拶の言葉が書かれているカード
　＊「あいさつフラッシュカード」（場面編）
　　……「朝」「夜」「ものを借りるとき」「職員室に入るとき」等，状況や場面が絵や写真で示されているカード
　＊「あいさつフラッシュカード」（時刻編）
　　……「8:00」「12:30」等，時計で時刻を示すカード
●コーチングの流れ
　① どのタイプのフラッシュカードをするか決める。
　② フラッシュカードをテンポよく次々に見せる。
　③ カードを見て，反射的に答えさせる。
　④ 振り返りをする。
●コーチングのポイント
　＊学年や子どもの発達段階に応じて，フラッシュカードの内容の設定をする。
●ひとくちメモ
　＊朝の会等，短い時間を活用して，学級全体で取り組んでもよい。

## S

### あいさつクイズ

挨拶の言葉を定着させるために，様々な場面での挨拶の言葉を思い出すクイズに取り組みます。

●ねらい
　＊場面に応じて挨拶できる。
●準備物
　＊紙，鉛筆（必要に応じて）
●シミュレーションの流れ
　① 簡単な挨拶クイズをつくり，教師と問題を出し合う。最初は人と会ったときの簡単な挨拶のクイズにする。
　　例「朝，友達と会いました。なんと言いますか？」
　② ①で基本的な挨拶が定着しているようであれば，もう少し難易度の高いクイズをつくり，互いにクイズを出し合う。クイズのつくり方は「場所（職員室，隣の教室，6年生の教室など）」「時（朝，昼間，帰る，遊びに入れてもらうとき）」「人（クラスメイト，先生，すでに挨拶した先生）」など，場所，時，人に分けてクイズをつくる。
●シミュレーションのポイント
　＊子どもが挨拶クイズをつくることが難しいときは，教師がつくった挨拶クイズ10問をクリアする形でもよい。
●ひとくちメモ
　＊場面がうまく想像できない場合は，写真を撮影して，どのような挨拶が適切であるかイメージさせることもよい。

| C | S | T |
|コーチング|シミュレーション|トレーニング|

## T

## スピードあいさつカルタ

このエクササイズは，挨拶の言葉を知らないために挨拶ができない子どもを対象に行います。ランダムに提示されるシチュエーションとマッチする挨拶を瞬時に判断できることを目標にします。

● ねらい
 * シチュエーションと挨拶の言葉をマッチングさせる。
 * いろいろな挨拶の言葉を知る。

● 準備物
 * 挨拶の言葉カード（カルタ札）
 * シチュエーションボード（例　文字で時間帯，場所，相手が書いてあるボード）

● トレーニングの流れ
 ① カルタと同じ要領で，読み手が「時間帯，場所，相手」を言う。もしくは，シチュエーションボードを貼る（例　朝，学校，先生）。
 ② 子どもはシチュエーションとマッチする挨拶の言葉カードを取り合い，カードを取れた枚数を競う。

● トレーニングのポイント
 * シチュエーションと挨拶の言葉のマッチングがまだできていない子どもが多い場合には，事前に正解の組み合わせを全体でのクイズ形式やプリントでの線つなぎ課題にするなどして，一度学習しておく。
 * 聴覚的な情報処理に困難がある子どもがいる場合は，シチュエーションカードとして挨拶の吹き出し部分をブランクにした状況絵カードをつくって提示してもよい。
 * 一度に提示する枚数は参加する子どもの能力に応じて調整する。

● ひとくちメモ
 * 挨拶のバリエーションを増やすために，正解を複数パターン用意しておいてもよい（例　朝，学校，友達→「おはよう」「おっす」「よう」など）。その際，事前に子どもたちがどのような挨拶をしているのか，共有しておくとよい。

**原因仮説 3** ▶▶▶ 対人緊張が高く，応答できないから

## C

### あいさつリピート

対人緊張が高く，自分から挨拶ができない子どもに対し，挨拶という行為そのものに少しずつ慣れさせていきます。

●ねらい
　＊挨拶をされたら，同じ言葉で挨拶を返す。

●準備物
　＊特になし

●コーチングの流れ
　① 対象となる子ども（A）と相談して，挨拶をする相手（B：教師あるいは友達）を決める。
　② いつ，どんな場面で，どのような挨拶をBとするかを，Aと決める。
　③ Bに，Aと決めたことを伝える。
　④ Aと会ったら，Bは決めたとおりに挨拶をする。
　⑤ Aは，Bにかけられた挨拶の言葉そのままを繰り返して言う。
　⑥ 振り返りをする。

●コーチングのポイント
　＊日常生活の中で意図的な場面を設定し，挨拶をするきっかけをつくる。
　＊リピーティング（相手がすべて言い終わってから，同じことを繰り返し言わせること）やシャドウイング（相手がすべて言い終わる前に，少し被せて言わせること）等のステップを入れてもよい。

●ひとくちメモ
　＊緊張度が高い子どもの場合，はじめのうちは教師がそばにつき，Bの挨拶を受けて教師が答え，教師の言葉をAに繰り返させるという手順を踏んでもよい。

## S

### あいさつチャレンジ

あまり緊張しない相手から挨拶の練習をすることを通して，徐々に挨拶できる人を増やしていくことが目標です。

●ねらい
　＊少し緊張する人と挨拶できるようになる。

●準備物
　＊先生の写真（子どもが在籍する学校）

●シミュレーションの流れ
　① 先生の写真を見せて，まず緊張しない先生を選択する。次に「少し緊張する先生」を選択する。
　② 「少し緊張する先生」の中からがんばって挨拶する人を1〜3人決める。選択した先生の写真を黒板に貼り，写真に向かって挨拶の練習をする。
　③ 挨拶にチャレンジする目標を立て，どの場面（例　登校時，教室，廊下）で挨拶をするか決める。次回の指導時にできたかどうかを確認する。

●シミュレーションのポイント
　＊緊張が強すぎて挨拶ができなくなる場合は，挨拶できる先生の写真を貼り，自分は挨拶ができるという感覚を思い出させる。
　＊緊張という言葉がイメージしにくい場合は，「自分から挨拶がしやすいかどうか」で考えさせるとよい。

●ひとくちメモ
　＊非常に緊張が高くなる場合には，リラックスする方法をいくつか試してみて，少し緊張を下げてから挨拶の練習に取り組む。

| C | S | T |
|---|---|---|
| コーチング | シミュレーション | トレーニング |

## T

## 目が合ったら「Hey」・「Yo」!

このエクササイズは,対人場面での緊張が強く,自発的に挨拶をすることが難しい,もしくは突然の応答が難しい子どもを対象に行います。

●ねらい
＊自分から相手に声をかける。
＊突然のかかわりに対応できる。

●準備物
＊パーテーションなど間仕切りができるもの
＊「Hey道路」「Yo道路」と書いた道や標識など

●トレーニングの流れ
① 下図のように「Hey道路」と「Yo道路」をつくり,その間に少しずつ間隔を空けてパーテーションを置く。

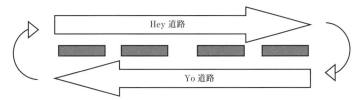

② 2組に分かれて各道路を歩く。一方を歩き終えたら,もう一方へ移動して歩き続ける。
③ 「Hey道路」を通っている子どもは「Yo道路」の子どもの顔が見えたら「ヘイ」と声をかける。声をかけられた子は「ヨー」と応答する。2人の声かけが一致したら1ポイント入る。

●トレーニングのポイント
＊緊張が強く,話すのも難しい場合には,手を挙げる,会釈するなどの方法から始めるようにする。
＊ゆっくり歩くことが難しい場合には,指導者がいっしょに歩くようにする。
＊相手をよく見ないで挨拶をする子どもには,挨拶してはいけない人を入れて,減点するようにする。

●ひとくちメモ
＊指導者も入って,大人の場合は会釈をするなどのアレンジを加えてもよい。

登校

# 遅刻をする

## 子どもの様子と支援のポイント

　繰り返される遅刻の最大の原因は「時間感覚」の弱さにあります。まず，このことを前提に「対処方法」を検討することが大切です。そのためには，時計を見る意識を高めたり，タイマーなどの補助器具を使ったりしながら，自分の感覚だけに頼らない方法をもつ必要があります。そうした補助手段の究極のものは，「家族からの応援」です。必要なときに声をかけてもらったり，時間に気づくようにしてもらったりするのです。一方，この対処に四苦八苦している家庭も多いのです。家庭がすべての責任を負うのでなく，学校と家庭で共に協力し合い，支援を補い合う姿勢も大切です。

### ユニバーサル・アクティビティ 「グッドゾーン登校」

**ねらい** ＊適切な時間帯に登校する。

**流れ**
① 黒板等に時刻を示す軸（例 8:00〜8:30）を設置する。
② 早すぎず遅すぎない時間帯「グッドゾーン」を設定する。
③ 子どもは自分が登校した時間帯のところに印をつける。
④ 全員が登校した後に，学級の登校の様子を振り返る。

**ポイント**
＊1か月ごと，1学期ごと等，長い間隔での学級全体の変容を見ていく。
＊クラス全員がグッドゾーンで登校できた日をカウントしたり，目標日数に達したらお楽しみ会を行ったりする等，ご褒美を設定してもよい。

## 実践の声

　黒板に名前を書くことも考えましたが，特定の子が目立ちそうだったので，時間帯に人数をカウントする方法にしました。これによって，登校時間への意識が高まり，登校から朝会のために校庭に集合するまでの行動について，それぞれが考える機会になりました。

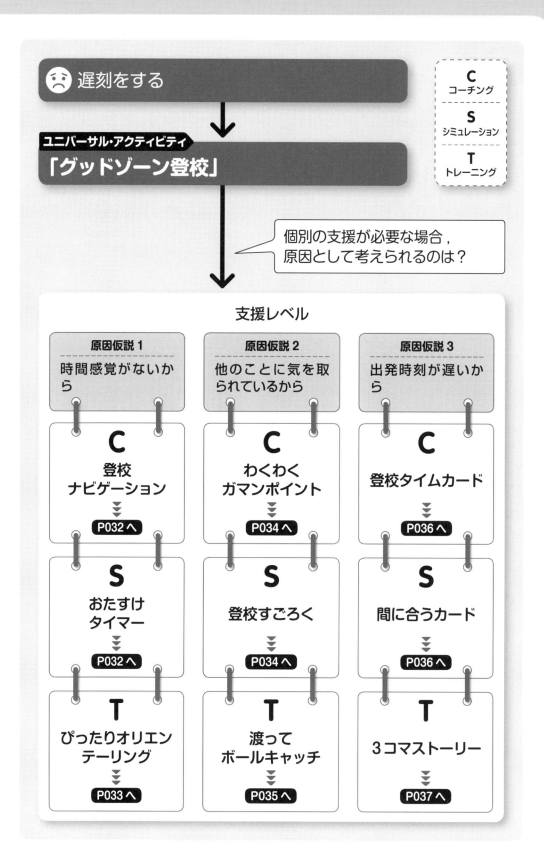

## 原因仮説 1 ▶▶▶ 時間感覚がないから

### C

#### 登校ナビゲーション

時間感覚を補うために，腕時計と通学路を視覚的に示す地図を使います。時刻と位置を対応させることで，定刻登校を促します。

●ねらい
＊遅刻をしないで登校する。
●準備物
＊「登校ナビゲーションマップ」……Ａ４あるいはＢ５の紙１枚程度の大きさに，対象となる子どもの通学路を図式化する。通学路全体をいくつかに分け，チェックポイントを設定する。そして，家を出発する時刻，チェックポイントを通過する時刻，学校に到着する時刻を書き込める枠をマップ上につくる。
＊腕時計
●コーチングの流れ
① 「登校ナビゲーションマップ」と腕時計を用意する。
② 対象となる子どもと，出発時刻，チェックポイント通過時刻，学校到着時刻を確認する。
③ 「登校ナビゲーションマップ」と腕時計を使って登校させる。
④ 振り返りをする。
●コーチングのポイント
＊交通安全，危険箇所に気をつけることを徹底させる。
＊腕時計の使用については，保護者との連携を図る。
●ひとくちメモ
＊子どもにとってわかりやすいマップをつくることが大切である。必要に応じて，チェックポイント等の写真を入れる。

### S

#### おたすけタイマー

朝の身支度に関する行動にどれくらい時間がかかるか理解し，時間を意識して行動することをめざします。

●ねらい
＊身支度にかかる時間を意識して行動する。
●準備物
＊絵カード（必要に応じて）
●シミュレーションの流れ
① 朝の「ご飯を食べる」「着替える」「トイレ」「歯磨き」など身支度にどれくらい時間がかかるか子どもに予想させる。
② 家庭でそれぞれの支度がどれくらいかかっているか，１週間確認してきてもらい，一番早かったタイムと一番遅かったタイムも合わせて確認する。
③ 翌週の指導で，予想と合っていたか確認する。それぞれの身支度の目標タイムを設定し，時間内にできるようにアイデアを話し合う。
　例　目標タイム１分前にタイマーが鳴るようにする／時計を見えるところに置く
④ 一つのアイデアに決め「おたすけタイマー」と名づけ，家庭で試してもらう。
●シミュレーションのポイント
＊朝に時間割を揃える子どももいるので，身支度の行動は子どもの状況に合わせて設定する。また，このシミュレーションをきっかけに「寝る前にやったほうがよいこと」などを整理することもできる。
●ひとくちメモ
＊身支度に一番時間がかかった日はどのような理由で遅れたか考えるなど，くわしく分析してみる。

| C | S | T |
|---|---|---|
| コーチング | シミュレーション | トレーニング |

## T

---

## ぴったりオリエンテーリング

> このエクササイズは、時間感覚がもちづらく、時間に合わせて行動することが難しい子どもに対して行います。

● **ねらい**
 ＊時計を見て、時間を確認しながら行動できる。

● **準備物**
 ＊時計（デジタルかアナログかは対象児による）
 ＊オリエンテーリングの地図

● **トレーニングの流れ**
 ① 2～4人のチームに分かれる。
 ② チームごとにオリエンテーリングの地図を渡す。地図には、下図のように宝の鍵の場所と時間が書かれており、その時間にならないと鍵が取れないというルールを伝える。
 ③ 事前の作戦タイムで、現在地からどの順番で進むと時間に間に合いそうか意見を出し合う。
 ④ 時間を確認しながら移動し、全部の鍵（カード等）をもらえるように移動する。
 ⑤ 宝の鍵が揃うと宝箱が開けられる。

● **トレーニングのポイント**
 ＊時間感覚がもちづらい子どもが多い場合には、「教室から屋上まで」「3階から校庭の砂場まで」など、それぞれの距離を歩いたときにどれくらい時間がかかるのかを事前に計ってみることで、時間間隔を養うことにつながる。
 ＊走ってしまう子どもが多い場合には、「走らない」というルールを徹底する。または「スピードを競わない」ルールにする。

● **ひとくちメモ**
 ＊校庭を使う、校舎全体を使う、1階のみ使うなど、参加する子どもに合わせて難易度を設定する。
 ＊進む道順を実際の登校ルートになぞらえて、実際にある公園やお店などの写真を貼ることで、より現実に近い状況をつくってもよい。

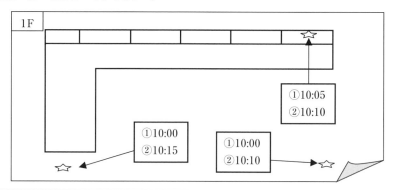

## 原因仮説 2 ▶▶▶ 他のことに気を取られているから

### C

#### わくわくガマンポイント

自宅から学校までの通学路で，注意が引かれる場所を本人に意識させ，注意をそらさず時間どおりに登校することをめざします。

● ねらい
  ＊注意が引かれる場所を自覚する。
  ＊注意が引かれたときの対処法を知る。
● 準備物
  ＊自宅から学校までの地図
  ＊「クリアカード」……工夫や対処の方法を書き込み，それを表すイラストなどを描く。
● コーチングの流れ
  ① 対象となる子どもに地図を渡し，通学路にある「わくわくガマンポイント」（楽しいけれど我慢しなければならない場所）がどこにあるか書き込ませる。
  ② 「わくわくガマンポイント」で長い時間過ごすと，どんな危険があるか考えさせる。例 「変な人に襲われる」「学校に遅れる」
  ③ どうすれば「わくわくガマンポイント」に引っかからずに通過できるか考えさせる。
  ④ 考えた案の中から自分ができそうなものを一つ選び，「クリアカード」を作成する。
  ⑤ 登校中に「クリアカード」を持参することを薦める。
● コーチングのポイント
  ＊通学路を思い出せない場合は，ポイントとなる写真を用意する。実際の通学路を歩きながら③までを行う方法もある。
● ひとくちメモ
  ＊「クリアカード」でうまくいかなかった場合は，「オプション機能」（他の対処や工夫）をつけ，カードの構成を工夫する。

### S

#### 登校すごろく

自宅から学校までのすごろくをつくり，注意がそれる出来事を理解し，そのときの対応を学びます。

● ねらい
  ＊注意がそれる出来事を理解する。
  ＊注意がそれたときの対応を学ぶ。
● 準備物
  ＊すごろく一式（イベント欄は空白）
● シミュレーションの流れ
  ① 自宅をスタート地点，学校をゴール地点としたすごろくをつくる。学校に行くときにどんな出来事があるかを一緒に考え，それに応じた指示（5マス戻る，1回休み，3マス進む）も考える。出来事のマスは，「赤信号が続いた」「虫がいて気になった」「飼われている犬を見てしまう」など。子どもには足が止まるイベントを積極的に考えさせる。
  ② すごろくを開始する。自分にとって不利な出来事のマスに止まった場合，適切な対応が発言できれば，マスの指示に従わなくてもよいルールで遊ぶ。
  ③ すごろくが終わったら振り返りをして，足が止まる出来事への対応をまとめる。
● シミュレーションのポイント
  ＊事前に保護者や登校班の子どもたちから，足を止めやすい出来事を確認しておく。
● ひとくちメモ
  ＊対応方法をカードにまとめて，登下校中に活用することもよい。

C コーチング | S シミュレーション | T トレーニング

# T

## 渡ってボールキャッチ

このエクササイズは，一つのことに意識を向けておくことが難しい子どもに対して行います。

●ねらい
　＊一つのことに注意を持続する。
●準備物
　＊カラーボール（5〜6色）
　＊平均台
　＊色，個数を指定するためのくじ引き
●トレーニングの流れ
　① 挑戦する順番を決め，くじを引く。
　② 平均台を落ちないように渡りながら，指導者が投げてくるさまざまな色のボールの中から，指定された色のボールを指定された個数だけ取る。あるいは，最初に決めておいた色の順番のとおりにボールを取る（例「赤→青→緑」。この間，他の色はスルー）。
　③ 指定されたボールをキャッチできたら，平均台を渡り切ってゴールする。
●トレーニングのポイント
　＊指定された色とは別の色のボールをキャッチしてしまったら，もしくは平均台から落ちてしまったらアウトにし，平均台を渡るという作業の中でも自分のやるべきことを意識してもらう。
　＊指導者は「赤投げるよ〜」と言いながら緑を投げたり，ボールの色が見えないように投げたりして，惑わせるようにする。
●ひとくちメモ
　＊平均台を渡ることが難しい場合には，テープを床に貼る，もしくはロープを床に置いてその上を歩くようにする。
　＊アレンジとして，コーチングの「わくわくガマンポイント」で出てきたポイントとボールの色とを連動させ，現実場面を意識させてもよい（青のボールは「友達の誘い」，赤のボールは「犬」などにして，緑のボールを取るようにするなど）。

第Ⅱ章　学校でつまずく典型場面21

## 原因仮説 3 ▶▶▶ 出発時刻が遅いから

### C

#### 登校タイムカード

家を出る時刻が安定しないことが遅刻の原因の場合に，タイムカードを活用して，一定の時刻に家を出ることができるようにします。

- ●ねらい
  * 遅刻をしないで登校する。
- ●準備物
  * 「登校タイムカード」……出発目標時刻，実際に出発した時刻，学校に到着した時刻，評価を書き込める表を用意する。
- ●コーチングの流れ
  ① 「登校タイムカード」を用意する。
  ② 対象となる子ども，あるいは保護者と相談して，家を出発する時刻を決める。
  ③ 「登校タイムカード」を持たせる。
  ④ 実際に子どもが家を出た時刻を，保護者に記入してもらう。
  ⑤ 学校に到着した時刻を書き込ませる。
  ⑥ 振り返りをする。
- ●コーチングのポイント
  * 振り返りで，次の対策や目標を子どもに考えさせる。
  * この支援は保護者の協力が必要になるので，保護者会や個人面談等，事前の連携をする。
  * 朝起きてからの作業を，なるべく前日のうちに行うよう保護者と確認する。
- ●ひとくちメモ
  * 通過ポイント（マイルストーン）を設定して，登校タイムカードに通過時間を書き込ませて振り返ると，細かな分析もできる。
  * 市販のタイムレコーダーを活用し，子どもの意欲を高めてもよい。

### S

#### 間に合うカード

出発時刻に遅れてしまいそうな場面のときに，どう対応すれば間に合うことができるかを考えます。

- ●ねらい
  * 遅れる理由への対応を身につける。
- ●準備物
  * 画用紙（カード作成のため）
- ●シミュレーションの流れ
  ① 遅れて家を出る理由を子どもにあげてもらう。出てこない場合には，教師からいくつかの理由をあげて選ばせる。
  例 「テレビを見過ぎている」「朝起きられない」「朝の支度で手間取る」
  ② 遅れて家を出る理由に対して，どのようにすればよいか，対応をいっしょに考える。アイデアが出てこなければ，こちらからいくつかの対応例をあげる。
  例 「テレビを見過ぎている」
  ・テレビを見終わる時間を決める。
  ・テレビが始まるまでに支度を終わらせる。
  ・見たいテレビを絞る。
  遅れる理由への対応が書かれたカードを作成し，自宅に持ち帰らせる。
  ③ 保護者に連絡し，家庭で実践してもらう。成果について次回の指導で確認をする。
- ●シミュレーションのポイント
  * 事前に，遅れる理由を家庭に確認しておくとよい。
- ●ひとくちメモ
  * 家庭で他の家族（例 お父さん，お母さん）がどんな工夫をしているか（していたか）話をしてもらうのもよい。

| C | S | T |
|コーチング|シミュレーション|トレーニング|

## T

# 3コマストーリー

このエクササイズでは，マンガを題材にして，起こった出来事から「原因」を考えることの練習をしていきます。

● **ねらい**
　＊原因と対策を考える。
● **準備物**
　＊絵合わせカード
● **トレーニングの流れ**
　① 1コマ目がブランクになっている3コマの配列絵カードを提示し，1コマ目を選択肢から選び，3コマ漫画のストーリーを考える。
　② それぞれ考えたものを発表する（例　「～だったから，遅刻して怒られた」）。
　③ その後，3枚目を間に合った絵にして，そうなるためにはどうしたらいいか，1枚目，もしくは2枚目を考える（1枚目のパターン：「本を読みたかったけど諦めて準備した」，2枚目のパターン：「本を読んでいたけど，時間になったので早めに切り上げて学校に行った」など）。
● **トレーニングのポイント**
　＊選択肢には対象児にありがちな理由を入れておく（例　「準備が遅くて」「ものが見つからなくて」「お気に入りのおもちゃで遊んでいて」「起きられなくて」など）。
● **ひとくちメモ**
　＊遅刻が原因でよく怒られていて，直面化すると混乱しそうな子どもの場合は，別の成功場面（例　「球根に水をあげたら花が咲いた」など）の配列カードの原因を考えることから始める。

第Ⅱ章　学校でつまずく典型場面21 ｜ 037

## 朝の支度

# 支度をしない

### 子どもの様子と支援のポイント

　朝の支度ができない子の中には，朝の雑事の中で自分の行動をコントロールして一連の行動を取ったり，一日の予定から逆算して支度をしたりする計画能力（プランニング能力）の弱さをもっていることがあります。これを脳科学では「実行機能」の弱さと考えます。この実行機能を支えるためには，たとえて言えば，パソコンに外部装置を付けるように，子どもを補助する「外付け実行機能」のようなものがあるとよいのです。ここに紹介する支援方法は，まさに外部からその子の中の実行機能を支えるという発想に基づいています。

#### ユニバーサル・アクティビティ 「シタク・トレイン」

**ねらい**　＊朝の支度の手順を見通し，最後まで支度をする。

**流れ**
① 登校してからするべき支度を，学級で出し合う（五つ程度）。
② それを色画用紙等で作った電車（1車両に一つ）に載せ，教室の中でみんなが見える場所に掲示する。
③ 「シタク・トレイン」を見ながら，朝の支度をさせる。

**ポイント**
＊文字だけでわかりにくければ，写真やイラストも付ける。
＊学年が進むにつれ，支度の数を増やし車両を連結させたり，車両の色を変えることで支度内容を変えたりする。

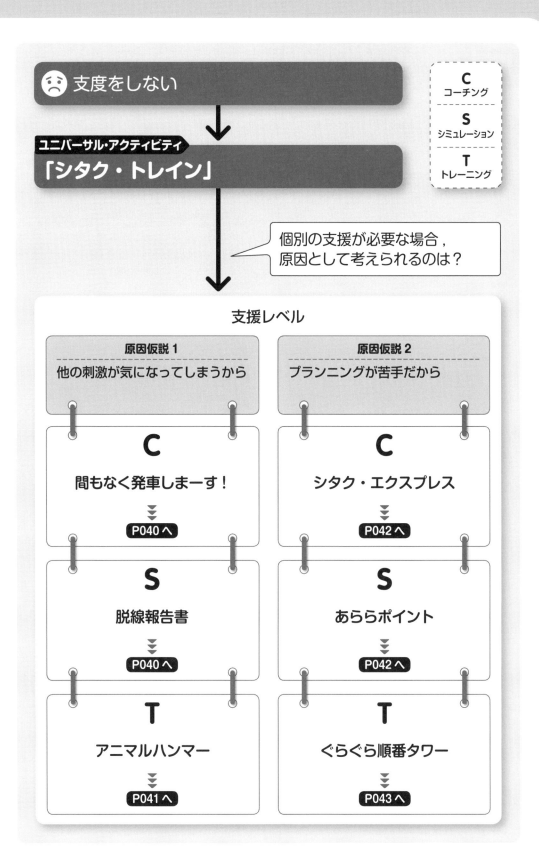

## 原因仮説 1 ▶▶▶ 他の刺激が気になってしまうから

### C

#### 間もなく発車しまーす！

作業が完了しないのに他のことに気がそれてしまう子どもに対し，一つの作業が終わるごとに声をかけ，次の作業を促します。

- ●ねらい
  - ＊他のことに気を取られずに，最後まで支度を終える。
- ●準備物
  - ＊特になし
- ●コーチングの流れ
  - ① まず，学級での支度の手順を確認する。
    例　1．連絡帳を出す。2．ランドセルの中のものを机に入れる。3．ランドセルをロッカーにしまう。4．体育着をフックに掛ける。
  - ② 対象となる子どものそばで，教師が「1番線，連絡帳行き，間もなく発車しまーす」と言う（言い方は子どもの興味で変える）。
  - ③ それを聞いた子どもに，「1番線，連絡帳行き，発車！」と言わせてから行動させる。
  - ④ 作業が完了したら，続いて教師が「2番線，机の中行き，間もなく発車しまーす」と言う。
  - ⑤ 子どもに「2番線，机の中行き，発車！」と言わせてから行動させる。
  - ⑥ 以下，同様に繰り返し，一連の支度が完了するまで行う。
- ●コーチングのポイント
  - ＊慣れてきたら，少し離れた場所から声かけしたり，ゲーム性を減らしたりする。
- ●ひとくちメモ
  - ＊子どもによって，気がそれてしまうタイミングが動作途中であったり，動作移行時であったりするので，気がそれる前に声かけをする。

### S

#### 脱線報告書

朝の支度がどのようなときに難しくなるか理解し，対応を身につけることを通して，集中して朝の支度ができるようにします。

- ●ねらい
  - ＊不注意への工夫や対応を考える。
- ●準備物
  - ＊絵カード
  - ＊ワークシート（脱線報告書）
- ●シミュレーションの流れ
  - ① 教師から，「シタク・トレイン」が脱線してしまう（朝の支度ができない）いくつかの場面をあげる。
    例　「友達との遊びに夢中」「本を読んでいる」「ボーっとしている」。子どもにも，どのような脱線があるかあげてもらう。
  - ② 自分が経験したことのある脱線を選択し，脱線事故が起きないようにする対応を考えさせる。
    例　「朝することを机に書いておく」「友達と一緒に準備する」など
  - ③ 脱線事故の様子と対応をまとめた脱線報告書を作成する。
- ●シミュレーションのポイント
  - ＊子どものモチベーションを上げるために，鉄道員のような少し硬い口調で話したり，鉄道員の服装に似たもの（帽子や手袋）などを使用したりすることもよい。
- ●ひとくちメモ
  - ＊学校行事の前などで忙しくなり，脱線が起きやすくなる時期に再度取り組むこともよい。

> C コーチング　S シミュレーション　T トレーニング

---

# T

## アニマルハンマー

> このエクササイズは，注意を持続し，似たような刺激に惑わされないようにすることをねらいにしています。

●ねらい
　＊注意を持続させる。

●準備物
　＊もぐらたたきのセット（段ボール等に穴を開けて作成する）
　＊さまざまな動物の人形。なければ割り箸に絵や写真を貼ったもの

●トレーニングの流れ
　① 挑戦する順番を決める。挑戦する人はターゲットの動物をくじなどで決める。
　② 指導者はもぐらたたきの穴から動物の人形を出し，子どもはターゲットの動物が出てきたときにだけ人形をたたく。
　③ ターゲットの動物をたたけたら＋1ポイント，別の動物をたたいてしまったら－1ポイントで得点を競う。

●トレーニングのポイント
　＊ターゲットの動物をよく覚えておき，他の動物に惑わされないようにすることを教示しておく。
　＊それでも忘れてしまうようであれば，目の前に同じ人形や写真を置いておくなどしてもよい。

●ひとくちメモ
　＊難易度を上げる方法として，①似ている動物を多くする，②動物を絵に描いて作成し，色違いの動物を作ることで，形態，色の両面に気をつけなくてはいけないようにする，③鳥類のときだけたたくなど，種類で設定して処理すべき情報量を増やす，などがある。
　＊より現実場面に近づけるアレンジとして，①迷路のプリントやレゴブロックで指定されたものを作るなどの作業を与えて，作業の邪魔になるものの写真を動物の代わりに出す，②誘惑されて作業が進まなくなるもの（テレビ，漫画，おもちゃなど）とそうでないもの（音楽，ボールなど）をあらかじめ決め，誘惑するものが出てきたらたたくようにする。たたくものはシミュレーションで整理されたものを採用してもよい。作業を完成させた時間を競う。
　＊前述のシミュレーションで作成した「脱線報告書」に基づいて内容を設定する。

## 原因仮説 2 ▶▶▶ プランニングが苦手だから

### C
#### シタク・エクスプレス

学級で示された支度に必要な作業を確認し，その子どもにとって支度を完了しやすい順番を考えさえ，それをシートにまとめます。

●ねらい
＊支度に必要な作業を確認する。
＊自分が作業しやすい順に作業を並べる。

●準備物
＊「シタク・エクスプレスシート」……支度のすべての作業名と，支度の手順を書き込めるワークシート

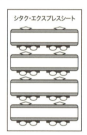

●コーチングの流れ
① 対象となる子どもに，教室に掲示されている「シタク・トレイン」を見せ，支度に必要な作業を確認させる。
② 自分がスムーズに支度できる順番を考えさせる。
③ 順番が決まったら，「シタク・エクスプレスシート」に書き込ませ，完成させる。
④ 「シタク・エクスプレスシート」を見ながら，実際に支度をさせる。
⑤ 担任からの確認や声かけが必要な車両には「車掌さんマーク」を貼り，支援の要請の必要性を自分から求められるようにする。

●コーチングのポイント
＊支度に必要な作業の数を，子どもの実態によって配慮する。

●ひとくちメモ
＊子どもの席の位置や，教室に入ってからの動線等を意識して，合理的な手順になるよう支援する。

### S
#### あららポイント

学校に着いたら取り組む行動の意味を考えて，朝の身支度にスムーズに取り組めるようにします。

●ねらい
＊朝に計画的に取り組むことについて考える。

●準備物
＊絵カード

●シミュレーションの流れ
① 子どもに3枚の絵カードを見せる。絵カードには以下の内容が書いてある。
　1コマ目「Aくんが教室に入ってきて支度を始める」
　2コマ目「ランドセルの中を机にしまわないでロッカーに入れてしまう」
　3コマ目「授業が始まって，慌ててロッカーに行く」
② Aくんが朝の支度で忘れているところを子どもに指摘させる。
③ 正確に指摘できたら，なぜこの場面で準備をしないといけないか，理由を説明させる。
④ 学校に着いたら，朝の支度の意味をもとに，計画的に，上手にすることを確認する。

●シミュレーションのポイント
＊②でうまく言葉にできない場合は，そのまま授業が始まると，どんなことになるかイメージさせる。

●ひとくちメモ
＊支度の順番を忘れない方法や，もっと効率のよい方法などの「プラスアルファ探し」をしたり，伝えたりする。

C コーチング | S シミュレーション | T トレーニング

# T

## ぐらぐら順番タワー

エクササイズを通して，楽しみながら計画立てて考える機会をもちます。

● ねらい
　＊先を見越して計画を立てる。

● 準備物
　＊大きい，小さい，安定，不安定など，さまざまな身の回りにある積み上げが可能なもの（お菓子の空き箱，ティッシュの箱，消しゴム，空き缶など，できるだけ多く準備）

● トレーニングの流れ
　① 2〜3人のチームに分かれる。人数が少なければ，チームに分かれず全員で取り組む。
　② 各チーム順番に，机の上に置かれたアイテムの中から1個ずつアイテムを選んで取っていき，自分のチームの台の上に積み上げていく。崩さずに一番高く積み上げられたチームの勝ち。
　③ アイテムを選ぶ前には作戦タイムを設け，チーム内でどのアイテムを取ると積み上げやすいかを考える。

● トレーニングのポイント
　＊事前の説明では，「どれを載せると次のものが載せやすいか」を作戦タイムで考えるように教示する。
　＊各チームでアイテムを取り合って行うことが難しいようであれば，あらかじめ各チームに5〜6個のアイテムを与え，与えられたアイテムを積み上げて高さを競うようにする。

● ひとくちメモ
　＊先をイメージすることが難しい子どもが多い場合には，「大きいものや重いものを先に載せる」などのヒントを提示する。
　＊コーチング「シタク・エクスプレス」の支度の順番を考える際の方法として使用してもよい（何がもとになってその支度が可能になるのかを考える）。

朝の支度

# 整理整頓ができない

## 子どもの様子と支援のポイント

　整理整頓は「きれいにしようという意識を育てる」という方針だけでは達成できないものです。なぜなら，整理整頓には「用・不用の判断」「優先順位の決定」「これから起きることの把握」「自分が要求されることの予測」などたくさんの認知処理が関連してくるからです。ただし，指導の視点は基本的に二つです。それは，整理整頓について「方法」と「理由」を考える機会をつくるということです。方法がわからなければ第一歩が踏み出せませんし，理由がわからなければ長続きはしません。それぞれの視点をバランスよく伝えていく必要があります。

---

**ユニバーサル・アクティビティ**　「持ち物リセットタイム」

**ねらい**　＊身の回りの整理整頓を習慣化する。

**流れ**
① 教室や廊下にある子ども自身の身の回りの持ち物を，整理整頓（リセット）する曜日，時間帯を決める。
② 片づける場所やものを確認する。
③ 設定した曜日，時間帯になったら，リセットタイムを行う。

**ポイント**　＊学級の流れができるまでは，しっかり時間を確保して行う。
＊流れができてきたら，3分程度で手軽に行えることをめざす。

---

## 実践の声

　「リセット」した後に隣同士で確認し，さらに担任もチェックするという方法で行いました。子ども自身が持ち物の定位置を口にするようになり，時間がだんだん短縮されていきました。リセット後は「心も教室もすっきり」という雰囲気がします。

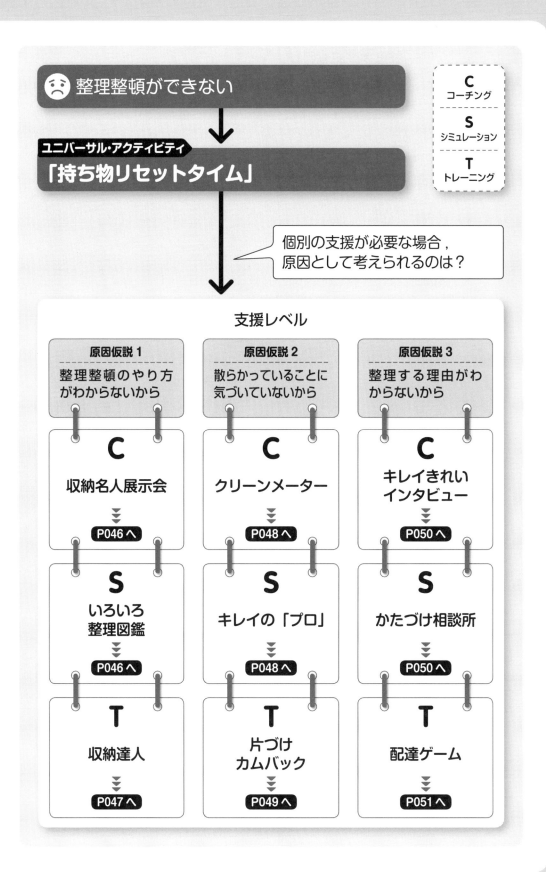

**原因仮説1** ▶▶▶ # 整理整頓のやり方が わからないから

## C

### 収納名人展示会

整理整頓が上手な友達の片づけの様子を，写真に撮って教室内に展示します。その写真を見ながら，整理整頓の仕方を覚えていきます。

● ねらい
　＊モデルを見ることで，整理整頓の仕方がわかる。
　＊自分で身の回りのものの片づけをする。
● 準備物
　＊デジカメ
● コーチングの流れ
　① 学級の中で整理整頓ができている子どものロッカーやフックに掛かっているものの写真を撮る。
　② 教室の掲示板に，「収納名人展示会」の見出しを付け，その下に写真を掲示する。
　③ 帰りの会等で，その写真を見ながら，整理整頓において工夫している点等を発表し合う。
　④ 写真を参考に，整理整頓タイムを設定し，学級全体で身の回りのものの片づけをする。
● コーチングのポイント
　＊片づける場所は，机の中，下駄箱等，学級の実態に応じて設定する。
　＊収納名人展示会の期間は，1週間，2週間，1か月で貼り替えるなどの工夫もできる。
● ひとくちメモ
　＊1人で整理整頓ができない子どもには，収納名人の写真を個別に渡し，それを見ながら片づけをさせる。
　＊前述のユニバーサル・アクティビティ「持ち物リセットタイム」で，ここで学んだことのポイントを確認してもよい。

## S

### いろいろ整理図鑑

さまざまな片づけの方法を紹介し，本人が片づけやすい方法を身につけます。

● ねらい
　＊さまざまな片づけの方法を知る。
　＊自分に合う片づけの方法を身につける。
● 準備物
　＊道具箱
　＊道具箱に入れるもの（文具等）
● シミュレーションの流れ
　① 空になった道具箱と，道具箱に入れるものを各自に渡す。
　② 以下の片づけ方法を試してみて，自分に合う方法を選ぶ。
　　例：
　　A 「きっちり名人」……道具箱の底に入れるべき文具等の写真を貼り，その上に文具などを入れるようにする。
　　B 「省エネ名人」……道具箱に入れるものを必要最低限のものに絞る。
　　C 「システム名人」……道具箱の手前には使う頻度の高いもの，奥側には頻度の低いものを入れるようにする。
● シミュレーションのポイント
　＊選んだ片づけ方法が効果的か，見直しができる機会を必ずつくる。
● ひとくちメモ
　＊机の中を整理整頓する場合には，道具箱，プリント類，ランドセル，それぞれが整理できてから取り組むとよい。
　＊前述のコーチング「収納名人展示会」でのモデルをもとに「整理図鑑」をつくり，そこから選ぶ方法もある。

| C | S | T |
|---|---|---|
| コーチング | シミュレーション | トレーニング |

## T

# 収納達人

このエクササイズを通して，どのように片づけるとうまくいくのかを子ども同士で共有し，自分なりの片づけの方法を考えてもらいます。

● **ねらい**
　＊整頓グッズを利用して整理整頓する。

● **準備物**
　＊学校で配る各種プリント（学級だより，テスト，宿題など）
　＊教科書やノート類
　＊お道具箱，ファスナー付きの袋，各種ファイルなど整理できるグッズ（対象児が実際に使うとよさそうなものを準備する）
　＊タックシールや付箋など，名称を書いておけるもの

● **トレーニングの流れ**
　① 机の中にプリントや筆記用具などをグチャグチャにして入れた状態にしておく。
　② 整理整頓グッズを使って，机の中をきれいにする。
　③ 全員が終わったら，1人ずつ考えたアイデアを発表して，最もきれいにできた人，もしくは最もよいアイデアを出せた人を決める。

● **トレーニングのポイント**
　＊子どもたちのアイデアに対して，よい点をフィードバックして，自分に合ったやり方をそれぞれで考えてもらう。このエクササイズを終えた後に，自分の実際の机を使って同じことをしてみてもよい。
　＊分類するという概念がまだない場合には，積木やカラーボール，動物の写真などを使って，大きさや形，色，種類で素早く分けるゲームを事前に行っておくとよい。

● **ひとくちメモ**
　＊整理整頓のメリットを実感してもらうために，「指導者が言ったプリントを素早く見つけて提出するゲーム」「筆記用具を使って行う課題（はさみやのり，色鉛筆を使って作る簡単な工作など）」を事後に行うことを教示しておく。実際に取り組んだ後に，自分の方法はどれくらいメリットがあったかを子どもたちに発表してもらう。
　＊前述のコーチング「収納名人展示会」やシミュレーション「いろいろ整理図鑑」でのモデル学習や，気づいた方法などを試してみる機会とすることもできる。

## 原因仮説 2 ▶▶▶ 散らかっていることに気づいていないから

### C
#### クリーンメーター

片づけをさせればできるのに，気づくと身の回りのものが散乱している子どもに，視覚的にその状態を知らせます。

- ●ねらい
  - ＊自分の身の回りが散らかっていることに気づく。
- ●準備物
  - ＊「クリーンメーター」……散らかり度を知らせる表示。高さが10cmくらいの三角柱を用意し，下部に持ち手を付ける。三角柱の三つの面に，顔のイラストを描く。
- ●コーチングの流れ
  - ① クリーンメーターを作る。
  - ②「笑顔は○」「普通は△」「困った顔は×」という評価を子どもに伝える。
  - ③ 定期的，あるいは不定期に子どもの片づけの様子をチェックし，子どもに直接メーターを示し，散らかり度を伝える。
- ●コーチングのポイント
  - ＊子どもがその場で片づけを始められるタイミングで，メーターを示すとよい。
- ●ひとくちメモ
  - ＊イラストだとかえってわかりにくい場合は，普通に「○」「△」「×」と図形で表す。

### S
#### キレイの「プロ」

一部分片づいていない机や道具箱の写真を見せて，散らかっている状態に気づかせます。

- ●ねらい
  - ＊「散らかっている」状態を知る。
- ●準備物
  - ＊一部分だけが整理されていない道具箱やロッカーの写真（きれいな道具箱の中に丸めたティッシュが入っているなど）を10枚程度
- ●シミュレーションの流れ
  - ①「今からどんなゴミの散らかりも見逃さない『キレイのプロ』になってもらいます」と伝え，子どもの意欲を高める。
  - ② 一部分だけが整理されていない道具箱やロッカーの写真を渡し，どこが片づいていないかを指摘させる。全問正解をめざし，キレイのプロをめざす。
  - ③ 最後に，自分の道具箱を「キレイのプロ」として判定してもらい，きれいにさせる。
- ●シミュレーションのポイント
  - ＊最初に「キレイのプロ」モードにする意識を高めるため，鉢巻を巻いたりすることも一つの方法である。
- ●ひとくちメモ
  - ＊きれいにすることへの意識が高まり過ぎて，他の子どもが散らかしている状態への苛立ちが強くなる場合には，「これくらいは片づいていなくてもよい」と判断する「キレイの仏」という課題に取り組み，柔軟性を学ぶ。

C コーチング | S シミュレーション | **T トレーニング**

## T

## 片づけカムバック

間違い探しをするように楽しみながら，片づけなければいけない箇所に気づき，整理する練習をしていきます。

●ねらい
　＊片づけるべき場所に気づく。
●準備物
　＊特になし（日常教室にあるものを使う）
●トレーニングの流れ
　① 整理整頓された状態の机，もしくは教室を一度見せる。
　② 参加する子どもに見えない状態にして，指導者がわかりやすくいくつかを散らかす（机の上に広げる，下に落とす，分類の違う場所に入れるなど）。
　③ 2〜3人のチームごとで相談して，各チーム順番に1か所ずつ戻していく。正解であれば1ポイント与える。
●トレーニングのポイント
　＊はじめの状態を覚えておけない子どもが多い場合には，写真を撮って残しておく。教室全体を使って行う場合には，チームごとに覚えておいたほうがよさそうな場所を相談して写真を撮ってもよい。
　＊はじめはわかりやすくものを散らかすようにし，徐々に分類の違う場所に置いておく（本棚に鉛筆を置いておくなど）などしてレベルを上げていく。
　＊片づけると同時に，どうしてそうなっているといけないか，理由も一緒に答えるようにすると，より整理整頓の意識が高まる（「机の上が汚いと作業ができない」「ものを失くしてしまうかもしれない」など）。
●ひとくちメモ
　＊整理整頓のアイテムを用意して，それを使ってよりきれいに片づけをするというゲームにすることで，難易度を上げてもよい。
　＊前述のコーチング「クリーンメーター」と連動させて，レベルを決めてもよい。

## 原因仮説 3 ▶▶▶ 整理する理由がわからないから

### C
#### キレイきれいインタビュー

同級生，上級生や教師，保護者などに「どうしてきれいに整理するのか」インタビューをして，整理整頓する理由について考えます。

● ねらい
　＊整理整頓の必要性について考える。
● 準備物
　＊インタビュー用紙
● コーチングの流れ
　① 対象となる子どもに，インタビューする相手を決めさせる（例　教師，保護者，友達）。
　② 決めた相手にインタビューをして，整理する理由を聞き取らせ，用紙に書き込ませる。
　③ インタビューした結果を発表させる。
　④ いろいろな意見の中から，自分が納得できる意見を一つ選ばせる。
● コーチングのポイント
　＊インタビューの結果を整理し，自分でまとめさせる。必要に応じて教師が支援する。
　＊保護者へのインタビューは宿題にする。
● ひとくちメモ
　＊「クイズ 30 人に聞きました。あなたがきれいにする理由はなんでしょう？」という形で，きれいにする理由のランキングを予想していくやり方もある。
　＊納得できた時点で，汚いとどのように大変なことになるか，教師や保護者が具体的に補足説明してもよい。

### S
#### かたづけ相談所

教師が片づけの悩みを子どもに提示し，その悩みを解決することを通じ，自分の整理整頓の問題・解決を図ります。

● ねらい
　＊整理に関する困り事を解決する。
● 準備物
　＊特になし
● シミュレーションの流れ
　① 対象児に「よくある小学生の悩み事：整理整頓編」を提示し，クラスメイトの悩み事を解決するアイデアを子どもに考えてもらう。アイデアを説明するときには，「どうしてそうしたほうがよいのか」も説明するように伝える。
　例：
　・鉛筆をよくなくす。
　　⇒鉛筆に名前を書く。
　　　授業が終わったら鉛筆を入れる習慣をつけるようにする。
　・プリントをなくす。
　　⇒いつも入れるファイルを決める。
　・プリントがぐちゃぐちゃになる。
　　⇒クリアファイルに入れてみる。
　　　机の中のものを減らしてみる。
　② 困っている子どもの机に出向き，困っていることを確認し，解決のアイデアを出し合う。
● シミュレーションのポイント
　＊クラスメイトの整理整頓に関する悩みを事前に把握しておくこともよい。
● ひとくちメモ
　＊出されたアイデアをクラスメイトに採点してもらい，ベストアイデアを決める。

| C コーチング | S シミュレーション | T トレーニング |

# T

## 配達ゲーム

エクササイズを通して，ぐちゃぐちゃな状態だとものが見つけにくかったり，場所がわかりにくかったりすることに気づき，整理する理由を理解してもらいます。

● ねらい
  * 整理整頓する理由に気づく。

● 準備物
  * 整理しておくための箱（1チームにつき，大小さまざまなものを数個）
  * 分別するもの（長さの違う鉛筆，色の違う紙，さまざまな重さのものなど，分別のできるもの）

● トレーニングの流れ
  ① 2～3人のチームに分かれ，箱とアイテムをチームごとに受け取る。
  ② 指導者が言ったものを箱の中から素早く見つけて持ってくるゲームを行うことを教示する。
  ③ 「一番大きい〇〇」「一番〇〇な赤いもの」など，1回ごとに次の指示内容のヒントを伝えて，チームごとに相談して分別する（指示一つごとに毎回分別する）。
  ④ 準備が整ったら，「一番大きい消しゴム」などの指示を伝える。指導者のところに早く届けられたチームにポイントが入る。
  ⑤ うまくいかなかった理由を考える「作戦タイム」を設定し，改善した状態で第2回戦を行う。

● トレーニングのポイント
  * 準備するアイテムは，大小さまざまなものを用意する（文房具，本，玩具などの分類や，大きいもの，中くらいのもの，小さいものなどの分類）。
  * 一番早かったチームに，どのように分別したかを発表してもらい，どのような整理の仕方がよかったのかを共有する（「種類ごとに分類する」「大きさで分類する」など）。

● ひとくちメモ
  * 自分たちで整理することが難しければ，アイテムが「整理されていない状態」「整理されている状態」それぞれでゲームを行い，どれくらいやりやすくなるかを実感することから始めてもよい。

## 朝の支度

# 忘れ物をする

### 子どもの様子と支援のポイント

　忘れ物をしない子はめったにしませんし，忘れ物をする子はしょっちゅうします。この実態の内実は，忘れ物をしない方法を身につけているか，いないかということになります。忘れ物をしない方法の代表的なものは「連絡帳を書く」になります。ただし，忘れ物をする子としない子の間にある違いは，ただ，連絡帳に書いたかどうかだけでなく，どう書いたか，大事なポイントが書けているか，わかっているかどうかにもあります。こうしたことが理解できるように丁寧に指導していくと，大人になっても使える力になり，その子の将来の日々を支えます。

---

**ユニバーサル・アクティビティ**　「キラキラボトル～『忘れ物がなくなりますように』編～」

**ねらい**　＊学級全体の忘れ物を減らす。

**流れ**
① 透明な容器を用意し，「キラキラボトル」を作る。
② 班の全員が忘れ物をしなかったら，ビー玉を１個入れることができる。
③ 一定量のビー玉が貯まったら，お楽しみ会等，事前に決めていたご褒美となるイベントを行う。

**ポイント**　＊クラス全員が忘れ物をしなかったときには，ボーナスポイントが加算される等の工夫をしてもよい。

---

### 実践の声

簡便さから，シールを貯めていく方法に変更して実施しました。「持ち物リセットタイム」との併用で，必要なもの，持ち帰るものの確認もできるようにしました。全体の意識が高まるため，忘れ物をした子への全体からの反応には，注意が必要だと感じます。

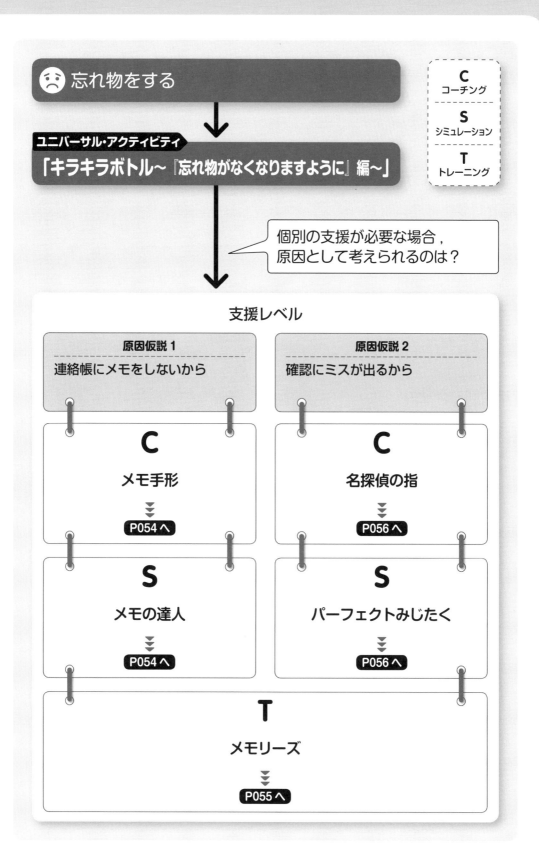

**原因仮説 1** ▶▶▶ **連絡帳にメモをしないから**

## C
### メモ手形

連絡帳にメモをしたかどうか，班の中で確認し合います。班長等，点検する係を設けて，チェック機能を二重にして対応します。

●ねらい
＊忘れずに持ち物を連絡帳に書く。
＊メモを取る習慣をつける。

●準備物
＊手形となるスタンプ（各班に配れる数）
＊スタンプ台（各班に配れる数）

●コーチングの流れ
① 班の中で，班員がメモをしたかどうかを確認する係を決める。
② スタンプとスタンプ台を配る。
③ 帰りの会等，メモをする場面になったら，係は班員のメモ状況をチェックし，メモをしていたら連絡帳に手形（スタンプ）を押す。
④ メモを書いていない班員がいたら，係は教師に報告する。
⑤ 教師は，メモを書いていない子どもの対応をする。

●コーチングのポイント
＊メモを取る時間が全体で長くならないようにするため，個別の対応は状況を見て行う。

●ひとくちメモ
＊係をしたい子どもは多いので，メモを取り忘れる子どもをあえて係にすることで，自分のメモへの意識を高める。

## S
### メモの達人

連絡帳にメモを素早く取る，正確に取るスキルを身につけます。

●ねらい
＊素早くメモを取るスキルを身につける。
＊正確にメモを取るスキルを身につける。

●準備物
＊紙，鉛筆

●シミュレーションの流れ
① 黒板に連絡帳で書くような内容を書く。
② 子どもに，今からメモの達人になってもらうことを伝える。そのためには，速さと正確さが大事なので，それぞれの力をつける課題に取り組むことを伝える。
＊「スピードアップ」……子どもが取り組みやすい方法をいっしょに考え，実際に試す。
例 「写す内容をつぶやきながら書く」「今から何を書くか，確認してから書く」「『がんばるぞ』と言ってから書く」
＊「カンペキコピー」……子どもが取り組みやすい方法をいっしょに考え，実際に試す。
例 「書いた後に，合っているか確認する」「一つ書いたら確認する」「隣の子にチェックしてもらう」
③ 「スピードアップ」と「カンペキコピー」が両立する方法を決める。

●シミュレーションのポイント
＊実際に写すスピードを計ったり，正確さに対する得点をつけたりしてもよい。

●ひとくちメモ
＊視写自体が苦手な場合には「かきかきポジション」（P138）に取り組むとよい。

## C　S　T
コーチング｜シミュレーション｜トレーニング

## T

# メモリーズ

普段の生活の中で，忘れてはいけないものをメモしておくという行動が習慣づいていない子どもが対象になります。

●**ねらい**
　＊メモを取る習慣をつける。

●**準備物**
　＊バインダー
　＊メモ用紙やノートなど
　＊付箋
　＊カメラ
　＊集める道具

●**トレーニングの流れ**
　① 3〜4人のチームに分かれ，チームごとに地図を配る。
　② 地図上の印のついているポイントを順番どおりに回っていく。
　③ 各ポイントには，集める道具（帽子，バット，ボールなど）が答えになっているクイズ（もしくはなぞなぞ）が書かれている画用紙があり，答えを考えてメモしていく。
　④ 五つのポイントを回ってメモを集めたら，スタートの部屋に戻る。全チームが戻ってきたら，用意された道具の中からメモしたものを身につけてチームごとに写真を撮り，答え合わせをする。

●**トレーニングのポイント**
　＊振り返りとして，メモを取っておくと忘れないということを共有し，普段であればどんなときにメモを取ることが有用か意見を聞くことで，日常生活へも意識を向けてもらう。

●**ひとくちメモ**
　＊書くことが難しい子どもがいる場合，付箋をポイントに貼っておき，それを集めていく。
　＊合っているかどうかを確認する習慣をつけるために，メモを取るたびにはじめの部屋に戻り，指導者に合っているかどうかを確認するというルールを追加してもよい。

## 原因仮説 2 ▶▶▶ 確認にミスが出るから

### C
#### 名探偵の指

連絡帳を書き写した後に，正しく書けているか見直しをさせます。連絡帳に書いた字の中から，教師が指定した文字を指で探します。

●ねらい
＊正しく書き写しているか，自分で確認する。

●準備物
＊特になし

●コーチングの流れ
① 対象となる子ども（A）のそばへ行き，連絡帳を書き終えたか確認する。
　例　・宿題　漢字ドリル　P20
　　　・持ち物　習字道具
② 教師が，連絡帳に書いた文字の中から，特定の字を探すように問題を出す。
　例　T「探偵，盗まれた字がないか確認してください」「漢字の『漢』と数字の『20』は，盗まれていませんか？」
③ Aは指示された字を探し，指で示す。
　例　A「ここにありました。盗まれていません」
④ 脱字や脱字があったら，Aにその字を修正させる。
　例　A「あっ，盗まれていました。至急取り戻します」「あっ，違うものがありました。取り替えます」

●コーチングのポイント
＊訂正する文字がなかったときと同様に，訂正が完了したときもしっかり褒める。

●ひとくちメモ
＊発達段階に応じて，漢字の「へん」や「つくり」で問題を出してもよい。
＊席の隣同士で「名探偵の指」をして，お互いにチェックさせてもよい。

### S
#### パーフェクトみじたく

家庭内で，確実に忘れ物をなくすための方法について考えます。

●ねらい
＊確実に持ち物を用意するスキルを身につける。

●準備物
＊持ち物（ランドセル，教科書など）

●シミュレーションの流れ
① 家でどのように持ち物を準備しているか，実際に子どもに取り組ませる。
② ミスなく準備ができる方法をいっしょに考えて取り組む。
　例：
　・持ち物ノートを見ながら準備する。
　・持ち物ノートを見て，準備して入れたものは一つひとつ赤ペンで消していく。
　・ランドセルに入らないもの（体操着など）は，ランドセルのフックに付けておく。
　・いつも入れておくセット（筆箱，下敷きなど）を作成し，最後に入っているか確認する。
③ いくつかの方法を試し，本人が納得する身支度の手順を紙にまとめ，家庭に持ち帰らせる。

●シミュレーションのポイント
＊最終的にまとめる身支度の手順は，なるべくシンプルにしておくとよい。

●ひとくちメモ
＊発展として，落ち着いて持ち物を準備する時間帯（夕飯前，寝る前）を考える課題にも取り組んでみる。

| C | S | T |
|---|---|---|
| コーチング | シミュレーション | トレーニング |

# T

## メモリーズ

（P055 を参照）

## 全校朝会・児童集会

# 列に並べない

### 子どもの様子と支援のポイント

列に並べない子への支援の視点のポイントは二つです。それは「全体の中での自分の位置がわからなくなる」点と、「姿勢を保持することが苦手」という点です。発達障害のある子では、前者の原因が「視空間認知」といわれる空間の全体感やイメージをもつことの苦手さである場合があります。また、後者の原因として、特に多動などの特徴がある場合には「じっとしていなければならない」ということに伴う「窮屈感への耐性」の弱さが考えられます。この二つを補うために「位置の手がかりづくり」と「姿勢コントロールへの慣れ」を段階的に育てていきます。

---

**ユニバーサル・アクティビティ**　「まっすグッド！　1, 2, 3」

**ねらい**　＊一列に整列する。

**流れ**
① 並び方のポイントを設定し、数字と対応させる。
　例　1……「順番に並ぶ」
　　　2……「前の人との間隔を空ける」　3……「おしゃべりをしない」
② 整列させるときに、教師が指で数字を示し、「まっすグッド！　1」と言ったら、子どもは指を挙げながら「1」と言い、前と後ろの人を見て順番を確認する。
③ 同様に、2と3の確認を指と声でする。

**ポイント**　＊1～3の確認が終わったら、全員、親指を立てて「まっすグッド！」と言ってポーズを決め、気をつけの姿勢になる。

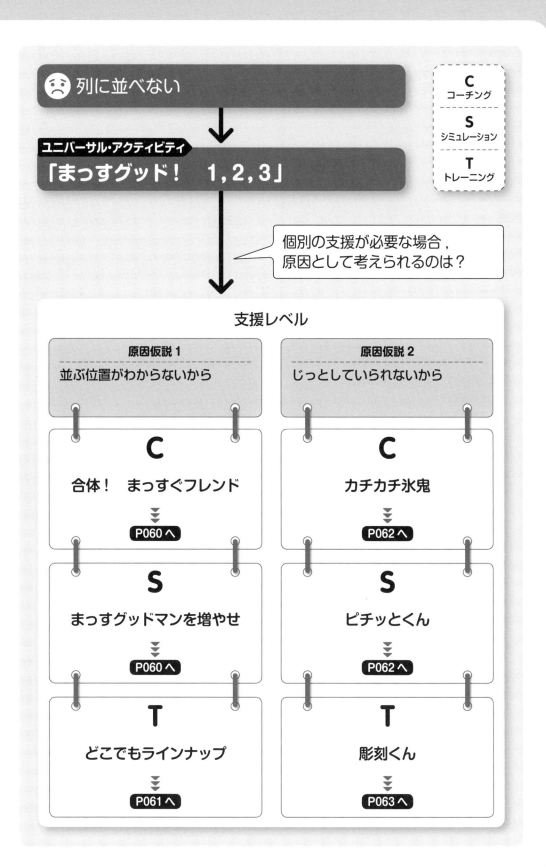

## 原因仮説 1 ▶▶▶ 並ぶ位置がわからないから

### C

**合体！ まっすぐフレンド**

どこに並んでいいかわからなくなったとき，思い出す手がかりとして，前（あるいは後ろ）の友達の名前を互いに覚えます。

●ねらい
＊決められた列の位置で並ぶ。
●準備物
＊特になし
●コーチングの流れ
① 並ぶべき列の順番を決める。
② 整列させる。
③ 自分の「まっすぐフレンド」（前の友達，後ろの友達）の名前を覚えさせる。
④ 整列するときは，前の友達のほうに手を置いて，連結して並ぶことを伝える。
⑤ 教師が声をかけ，列を崩してバラバラにする。
⑥ 「合体！ まっすぐフレンド！」という教師のかけ声を合図に，子どもは各自，「まっすぐフレンド」を探し，肩に手を置き，合体して整列させる。
⑦ 教師の「気をつけ」のかけ声を合図に，肩から手を外させる。
⑧ 前後正しく並べているか確認する。
●コーチングのポイント
＊かけ声の間隔を短くしていく等，変化をつけていくと，子どもたちは楽しくなる。
●ひとくちメモ
＊縦列だけでなく，横列で行ってもよい（その場合は，右の友達，左の友達の名前を覚えさせる）。
＊上記⑧でユニバーサル・アクティビティ「まっすグッド！ 1, 2, 3」を行う。

### S

**まっすグッドマンを増やせ**

並ばせる係に取り組むことを通じて，どのようなことに意識をして並ぶとよいかについて理解を促します。

●ねらい
＊列にまっすぐ並ぶ方法を知る。
●準備物
＊特になし
●シミュレーションの流れ
① 教師の代わりに子どもが他の子どもたちを並ばせる。どういう順番（身長，五十音順）で並ばせるかについては，教師から指示を出す。
② 子どもが号令をした後，他の子どもたちが並べているか確認をする。「1 指示された順序で並んでいるか」「2 前の人に合わせて並んでいるか」「3 まっすぐ並んでいるか」を確認させ，まっすぐ並べられている「まっすグッドマン」が増えるように他の子どもたちを並ばせる。
③ 何度か取り組んだ後，きっちり並ぶときにはどのようなことを意識するとよいか，再度確認をして終える。
●シミュレーションのポイント
＊他の子どもたちを並ばせるときに，教師もいっしょに並び，わざと間違えて子どもに指摘をさせて理解を促すこともできる。
●ひとくちメモ
＊教師と一対一で取り組む場合には，子どもの代わりに人形，いすや机などを代わりにして取り組む。
＊できた子は「まっすグッドポーズ」を決めるなど楽しい方法を工夫して，指摘し合う雰囲気にならないようにする。

| C | S | T |
|---|---|---|
| コーチング | シミュレーション | トレーニング |

## T

## どこでもラインナップ

指示された順番どおりに並ぶことをエクササイズの中で繰り返し，並ぶ行動の定着をねらいます。

●ねらい
　＊指示どおりに並ぶ。
●準備物
　＊並ぶ位置を示すテープやひも
　＊笛
　＊並ぶテーマを示す用紙
　＊ケンステップ
●トレーニングの流れ
　① 2チームに分かれる。
　② 音楽が鳴っている間は，チームで円になってグルグルと歩き回る。
　③ 指導者は，紙に書いたテーマを黒板に貼って音楽を止める。チーム内で相談しながら素早く並び，先に並べたチームの勝ち（並ぶ際，一番先頭の場所だけは決めておく）。
●トレーニングのポイント
　＊必要に応じて，並ぶときは「手を伸ばして，前の人の肩に触れるぐらいの位置に立つ」など，並び方を具体的に教示する。実際に並ぶ練習が必要であれば練習しておく。
　＊慣れるまでは，列の長さ程度のテープを床に貼って，並ぶ位置がわかりやすいようにする。慣れてきたら，テープをなくしてまっすぐ並ぶことを意識させる（指導者に先にOKをもらえたら勝ちにする）。
　＊テーマの例……身長が高い人順，生まれた月の順，名前順，電話番号の数字の最後の数の順など
●ひとくちメモ
　＊より広い場所にすると，注意が散りやすくなり，目印になるものが減るので，難易度が上がる。

#  2 ▶▶ じっとしていられないから

## C
### カチカチ氷鬼

じっとしていられない子どもに対し，一定時間，体の動きを止める，体を動かすという繰り返しの中で，動きを静止する練習をします。

●ねらい
＊一定時間，体の動きを止める。
＊ルールを守って友達と遊ぶ。

●準備物
＊特になし

●コーチングの流れ
① 氷鬼のルールを伝える。
② 鬼に捕まった人を助ける場合，カチカチに凍っている人しか助けてはいけないことにする。
③ 鬼に捕まったら，カチカチに凍っていないと助けてもらえないということを確認する。
④ 鬼を決める。
⑤ 時間を決めて，氷鬼を始める。

●コーチングのポイント
＊体を静止する練習として位置づける。
＊長い時間，静止していられない子どもには，「助けにきてくれる人が近づいてきたら，カチカチになればいい」と声かけをする。

●ひとくちメモ
＊この活動をしておいて，実際に整列する場面で，「カチカチ氷だよ」と声かけをすると，子どもは自分の行動をイメージしやすい。
＊「気をつけカチカチ氷」など，一定の姿勢を保持する練習にも取り組む。

## S
### ピチッとくん

列に並んでいるときに，身体を動かさないようにする工夫，身体を動かしたくなったときの工夫を身につけます。

●ねらい
＊じっと並ぶ工夫を身につける。

●準備物
＊ビデオ

●シミュレーションの流れ
① 朝会のときのように，子どもをきちんとした姿勢で1分間立たせ，ビデオに撮影する。
② ビデオを振り返り，きちんとした姿勢で立てていたか，選択肢から選ばせる。
 A 立つ場所から動いてしまった。
 B 立つ場所から動くことはなかったけれど，体がたくさん動いていた。
 C 時々，体を動かしていた。
 D よい姿勢で立っていた。
③ 子どもがCやDを選んだ場合，よい姿勢で立てていた理由を考えさせる（例「しっかり立たないといけないと思った」「短い時間だからがんばれた」「気になるものが少なかった」）。子どもがAやBを選んだ場合は，どうしたらよいかを考える（例「足だけをくねくねさせて我慢するようにする」）。

●シミュレーションのポイント
＊最初は，多少落ち着かなくても，その場から動かなければよいことにする。
＊段階を決め，一つひとつをクリアする形で，モチベーションを保って繰り返す。

●ひとくちメモ
＊目立たない身体の動かし方を練習してもよい。例として，手のストレッチをする，頭を少しだけかくなど。

C コーチング　S シミュレーション　T トレーニング

# T

# 彫刻くん

彫刻の像になってもらうことで，じっとするということをイメージしやすくします。

●ねらい
　＊決められた姿勢を保つ。
●準備物
　＊ポーズを決めるくじ引き用のくじ（実際の銅像などの写真やイラスト）
　＊平均台やケンステップ
●トレーニングの流れ
　① くじ引きをして，自分が取るポーズを決定する。
　② 平均台やケンステップなどを使って，お宝までのコースをつくる（ゆっくり進まないと難しいコースにする）。
　③ 子どもはコースを進んでいく。時々，警備員役の指導者が笛の合図などで教室に入ってきて，見回りをする。警備員がいる間は，ポーズを取って彫刻になりきっていれば見つからない。
　④ 何人かで同時に挑戦し，お宝を取れればクリア。1人だけが勝つようにしてもよいし，全員がクリアすることをクリア条件にしてもよい。
●トレーニングのポイント
　＊始める前に，ポーズを取ってじっとしてみる練習をする。その際，どのようにしていると楽にじっとしていられるかを考えてもらい，発表して共有する（深呼吸をゆっくりする，氷になるイメージをする，別のことを考えるなど）。
　＊多動性や衝動性の強い子どもの場合，本人が一番楽だと思える姿勢を考えてもらって，その姿勢から行ってもよい。
●ひとくちメモ
　＊ポーズの難易度を上げたり，ポーズを取る時間を増やしたりするなどして，難易度を調整する。
　＊学校で必要とされる「動かない」ときの姿勢を限定して行い，他のポーズより実は容易であることなどを認識させる。

# 全校朝会・児童集会

# （朝会などで）話を聞けない

## 子どもの様子と支援のポイント

　個別には話を聞けるのに，朝会などの大きな集団の中での聞き取りになると，急にできなくなる子がいます。話し手と自分との関係が薄まった感じがするからなのでしょう。そこで，子どもの中に二つの「意識」を高めていく必要があります。それは，話し手に注目し続ける「人への意識」と，話の内容そのものに注目し続ける「内容への意識」です。この両者を同時に育てていく必要があります。「人」は目に見えるのですが，「内容」は目には見えません。キーワードに注目するレベルから，段階的に内容に意識（関心）が向かうレベルに高めていくように指導します。

### ユニバーサル・アクティビティ 「朝会アンテナ」

**ねらい**　＊全校朝会での話に意識を向ける。

**流れ**
① 事前に，朝会後に出すクイズの視点（話の内容，話した人，話した人の服装等）を子どもに伝える。
② 朝会で話を聞かせる。
③ 朝会後，子どもに朝会の話に関連するクイズを出す。

**ポイント**　＊朝会で話をする人（校長先生等）と連携して，クイズの答えと関連した，子どもの意識を引くちょっとした工夫を仕込めるとよい。

## 実践の声

話を集中して聞けない子にはもちろんですが，聞いていても大事な部分を聞き落とす子にも効果があると感じました。大事な部分を覚えておけた子どもにはスタンプを押し，称賛のフィードバックをしました。

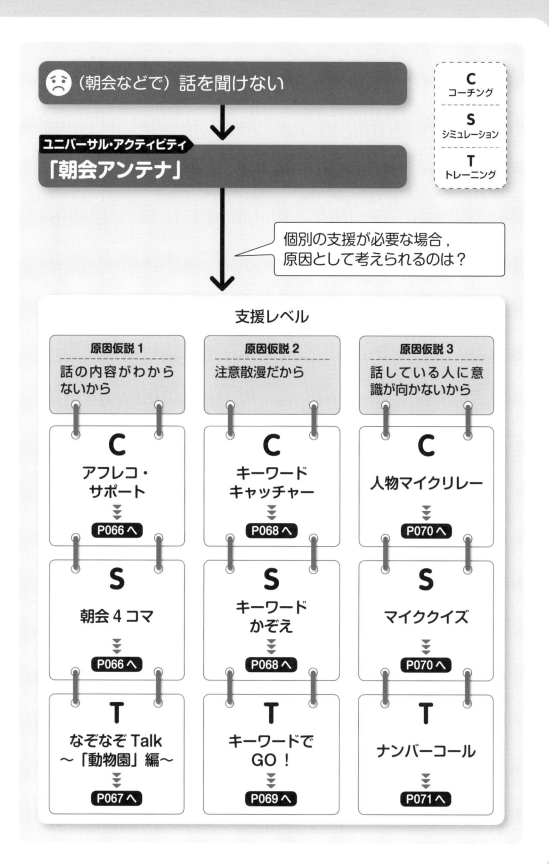

## 1 ▶▶▶ 話の内容がわからないから

### C
#### アフレコ・サポート

内容が十分に理解できないがために，話が聞けない子どもに対し，朝会後すぐにフィードバックし，聞き漏らしている部分を補います。

● ねらい
＊抜けている部分を補ってもらい，話の全体を理解する。
＊話を最後まで聞く。

● 準備物
＊特になし

● コーチングの流れ
① 事前に，対象となる子どもに対し，わかるところだけでいいから，聞いたことを覚えておくよう指示する。
② 全校朝会等で，話を聞かせる。
③ 朝会後すぐ，子どもに朝会の話を聞いて，理解しているところをフィードバックさせる。
④ 覚えていた部分があったことを褒める。
⑤ 抜けている部分を教師が後から補い，話を理解させる。

● コーチングのポイント
＊覚えていることを想起させた後，どんな話であったか推測させることで，思い出す内容の精度を高めていけるようにする。
＊朝会が終わって，教室に帰るまでの間に，歩きながらできるとよい。

● ひとくちメモ
＊朝会の時点で理解できるようにするために，子どもから話し手が見えるように列の前方に並ばせるなど，位置を調節することも念頭に入れておく。

### S
#### 朝会4コマ

朝会で話すキーワードから，どのような話をするか予想することを通じて，イメージする力をつけていきます。

● ねらい
＊キーワードから話の内容をイメージする。
＊朝会のときの聞く構えをつくる。

● 準備物
＊4コマの漫画
＊鉛筆

● シミュレーションの流れ
① 以下の4コマ漫画を提示する。
　1コマ目……校長先生が台に上がる。
　2コマ目……校長先生が話しはじめる。
　3コマ目……空白
　4コマ目……校長先生が話を終えている。
② 3コマ目で校長先生がどのような話をするか，2コマ目の話しはじめた内容から予想する。
　2コマ目の例：
　・そろそろオリンピックが始まりますね。
　・来週から夏休みです。
　・みなさん，昨日寝たのは何時ですか？

● シミュレーションのポイント
＊予想ができない子どもには，予想される話をいくつか選択肢としてあげて取り組んでもよい。

● ひとくちメモ
＊2コマ目の難易度を上げ，話の中からキーワードを選択する課題（キーワード探し）に取り組んでもよい。
　例 「今日は天気がいいですね。みなさん，元気ですか？　さて，今日は約束を守ることについて話したいと思います」
　　→正答「約束を守ること」

| C | S | T |
|---|---|---|
| コーチング | シミュレーション | トレーニング |

## T

## なぞなぞTalk～「動物園」編～

並んで話を聞くことが難しい子どもの中には，内容がわからなくてフラフラしてしまう子どももいます。わからないことでも最後まで話を聞くことを目標にします。

●**ねらい**
  ＊最後まで話を聞く。

●**準備物**
  ＊特になし

●**トレーニングの流れ**
  ① 次のような文章を作って指導者が読み上げる。《ピー》の部分はどのように言ってもよい。
  「動物園に着きました。最初に《ピー》を見ました。鼻が長くてびっくりしました」
  「隣には4本足の動物がいっぱいいます。ぼくはその中では《ピー》が一番好きでした。首が長くてかっこいいからです」
  「次は，肉を食べる動物がいっぱいいます。《ピー》がぼくに向かって急に吠えてきて，ビックリしました。たてがみが立派でした」
  「次は小さい動物です。ここでは，実際に動物たちに触ることができました。その中で黄色い《ピー》が一番かわいかったです。卵から孵ったときはどれくらいの大きさだったのかな」
  ② 子どもたちはいすに座って話を聞き，回答用紙に1問ずつ答えを書いていく。子どもたちが答えを書き終えたら，次の問題文へ進む。すべての問題が終わったところで答え合わせをする。

●**トレーニングのポイント**
  ＊まずは短い文章から始めて，最後まで聞けばわかるということを実感してもらう。慣れてきたら長い文章にしたり，かなり後まで聞かないとわからない文章にしたりする。
  ＊耳からの情報が入りにくい子どもが多ければ，はじめのうちは，文章を書いて同時に提示してもよい。

●**ひとくちメモ**
  ＊「水族館」編，「スーパーマーケット」編，「おもちゃ屋さん」編など，さまざまなパターンでアレンジする。

## 原因仮説 2 ▶▶▶ 注意散漫だから

### C

#### キーワードキャッチャー

集中して話を最後まで聞けない子どもに，話に出てくる言葉に意識を向けさせます。聞き取れる言葉を増やしていくのがねらいです。

●ねらい
＊話の中から，印象に残る言葉を聞き取る。
＊話し手に注意を向け，最後まで話を聞く。

●準備物
＊特になし

●コーチングの流れ
① 事前に対象となる子どもに，朝会の話を聞いて，話の中に出てくる言葉を三つ覚えておくように指示する。
② 全校朝会等で，話を聞かせる。
③ 朝会後すぐ，話を聞いて覚えている言葉を子どもに三つあげさせる。
④ 他にも思い出せることがあれば，あげさせる。
⑤ 最終的に思い出せた言葉の個数を子どもに伝える。
⑥ 結果をふまえ，次の目標（思い出す言葉の個数）を決める。

●コーチングのポイント
＊はじめのうちは断片的でもいいので，子どもが意欲的に取り組めるように支援する。

●ひとくちメモ
＊徐々にキーワードの質（内容）にも意識が向かうようにしていくために，教師が用意した「ポイント・キーワード」を言えるように進める。
＊子どもの実態によって，聞き取れる力が話の前半に強いのか，後半に強いのか等の傾向をつかむ。

### S

#### キーワードかぞえ

朝会のキーワードなどに注目することで，集中して話を聞くことに取り組みます。

●ねらい
＊キーワードに注目する。

●準備物
＊特になし

●シミュレーションの流れ
① 校長先生が朝会で「今日は○○について話をします」と言ったら，○○という言葉が何回出てきたか数えることを宿題として出す。
② キーワードの数を数えることに成功していたら，次は，朝会に何人の人が前に立って話していたか数えることを宿題として出す。
③ この課題も成功したら，「誰が」「何の話をしていたか」について覚えてくる宿題にする。

●シミュレーションのポイント
＊導入となるキーワードの数などについては，こうした指導をしようとしていることを事前に校長先生に話しておくとよい。
＊注目する内容（キーワードの回数，列に並んでいる人数など）の設定は，本人からアイデアを出してもらうようにする。

●ひとくちメモ
＊クラス内で担任が話す内容に広げて取り組むこともできる。

| C | S | T |
|---|---|---|
| コーチング | シミュレーション | トレーニング |

---

# T

## キーワードでGO！

列に並んでいる状態で，話を聞き漏らさないようにすることをねらいます。

### ●ねらい
＊話に注意を向け続ける。

### ●準備物
＊特になし

### ●トレーニングの流れ
① 参加者は横一列に並ぶ。
② キーワードを事前に決めておき，脇にいる指導者が順番に単語を言っていく。指導者がキーワードを言ったら，ゴールに向かって走る。
③ キーワードを言い終わると同時に，鬼役の指導者が少し後ろから走り出す。鬼に捕まった人は脱落し，残った人で再度行う。最後まで残った人の勝ち。

### ●トレーニングのポイント
＊始める前には，「よく話を聞いていないと聞き逃してしまう」ということを教示する。
＊記憶することが苦手な参加者が多い場合には，キーワードを紙に書いて提示しておく。
＊動いてしまう参加者が多い場合には，立つ位置に印を付けて，立つ場所を明確にしておく。

### ●ひとくちメモ
＊ゲーム性を高めるために，鬼役も子どもがやってみるなどのルールも導入する。
＊参加する子どもの記憶できる容量に応じてキーワード数を増やし，全部のキーワードを言ったらゴールへ向かうなど，難易度を調整する。

## 原因仮説 3 ▶▶▶ 話している人に意識が向かないから

### C

#### 人物マイクリレー

話をしている人に意識を向けづらい子どもに，マイクが誰に渡っていくかに注目させ，人の話を聞くための素地を形成します。

- ●ねらい
  - ＊話をしている人に注目する。
  - ＊話し手に注意を向けながら，最後まで話を聞く。
- ●準備物
  - ＊朝会でマイクを持った人を記録するもの
    例　ミニホワイトボードと人の名前が書かれたマグネットシート，専用ワークシート，バインダーと人の名前が書かれた付箋
- ●コーチングの流れ
  ① 対象となる子どもに対し，マイクを持った人は誰かを記録するよう指示する。
  ② 全校朝会等で，話を聞かせる。
  ③ 朝会後すぐ，マイクを持った人は誰であったか子どもに確認させる。
  ④ 合っていたら褒め，違っていたら修正する。
- ●コーチングのポイント
  ＊話し手と話の内容をマッチングさせる等，徐々に課題を難しくしてもよい。
- ●ひとくちメモ
  ＊実態によって，マイクを持つ人が替わるたびに「肩をたたく」「声かけをする」等，話し手に注目させる支援をする。
  ＊対象となる子どもが人物を記憶できるようであるなら，記録する道具は使わずに取り組ませる。

### S

#### マイククイズ

誰が話した内容かを予想することを通じて，話の内容に注目できるようにします。

- ●ねらい
  - ＊話の内容に注目する。
- ●準備物
  - ＊マイク
- ●シミュレーションの流れ
  ① 以下の話は「校長先生」「教頭（副校長）先生」「〇〇先生」「6年生」のうち，誰が朝会のときに話した内容かを考える。
    例　「5年生，6年生の人は，この後に運動会の練習をするので，このまま残ってください」
  ② クイズを出した後に，話の内容に注目して，どうしてその人が言ったのかを考えてみる機会をつくる。
    例　「校長先生はみんなに向けた話をすることが多いから，5年生と6年生の人だけに向けた話をしないのでは？」
- ●シミュレーションのポイント
  ＊実際の朝会場面での話だけでなく，話す人と内容とを結び付けるゲームに発展をしていく。
- ●ひとくちメモ
  ＊朝会の話の中で，自分に向けられた（関係した）話とそうでない話とを分けて考えさせるのもよい。

| C | S | T |
|---|---|---|
| コーチング | シミュレーション | トレーニング |

## T

## ナンバーコール

前に出ている人に意識を向けて聞く体験をすることで，話している人に注意を向けるための対人意識を高めていきます。

● ねらい
  ＊前で話す人に意識を向ける。
● 準備物
  ＊特になし（あればメトロノームなど）
● トレーニングの流れ
  ① 解答者を1人決めていすに座り，3〜8人程度が前に並ぶ。
  ② 前に出た人は，人数分の数字が書いてあるくじ引きを引く。
  ③ くじ引きで引いた順番どおりに数字を言っていく。数字を一定のテンポで言うことが難しければ，メトロノームなどで数字を言うタイミングを提示する。ない場合は，指導者が背中を軽くタッチするなどしてタイミングを示すようにする。
  ④ 解答者は，数字の順番に合わせて，1から順に数字を言った人の名前を答えていく。
● トレーニングのポイント
  ＊名前を覚えられていない場合は，名札を付けるようにする。覚えるのが難しい場合には，指さす形や，手元に名前を書いたカードのようなものを置いて，それを用いて答えるようにしてもよい。
● ひとくちメモ
  ＊前に出る人の人数や数字を言うスピードを変えることで，難易度を調整する。
  ＊数字では興味をもてない場合には，1人だけ分類の違うものを言って，誰が違うのかを答える形式にする（動物の名前をくじ引きの順番で言っていき，1人だけ食べ物の名前を言うなど）。

## 朝の会

# 予定変更に弱い

### 子どもの様子と支援のポイント

予定変更の弱さは，変更によりできなくなったことへのこだわりの強さ，変更後の様子がイメージできないこと，新しいことが起きたときの対処の予測ができないことなどから来る恐怖心が関係します。そこで，指導としては，主に「できなくなったことを諦める」ことと「変更後のことをイメージして心の準備をする」ということの二つの力をつけていくことをめざします。そのためには「予定変更も予定の一つである」という意識を育てることと，「『もしも』のことがあっても自分は対処できる」という自信をつけていくことが大切になります。

---

**ユニバーサル・アクティビティ** 「時間割予報士」

**ねらい** ＊帰りの会で次の日の予定を確認し，翌日の行動に見通しをもつ。

**流れ**
① 翌日の予定を確認する係（時間割予報士）を決める。
② 帰りの会で，係が翌日の時間割予報をする。
③ 係は次の日の予定のポイントに対し，「注意報」を出す。
　例　忘れ物が多い場合は「忘れ物注意報」。お楽しみ会等がある場合は「うかれすぎ注意報」。
④ その後，担任から補足説明をする。

**ポイント**
＊「予報」とすることで，予定変更もありうるということを意識させる。
＊特に強く注意を喚起したい場合は，担任から「警報」を出す。

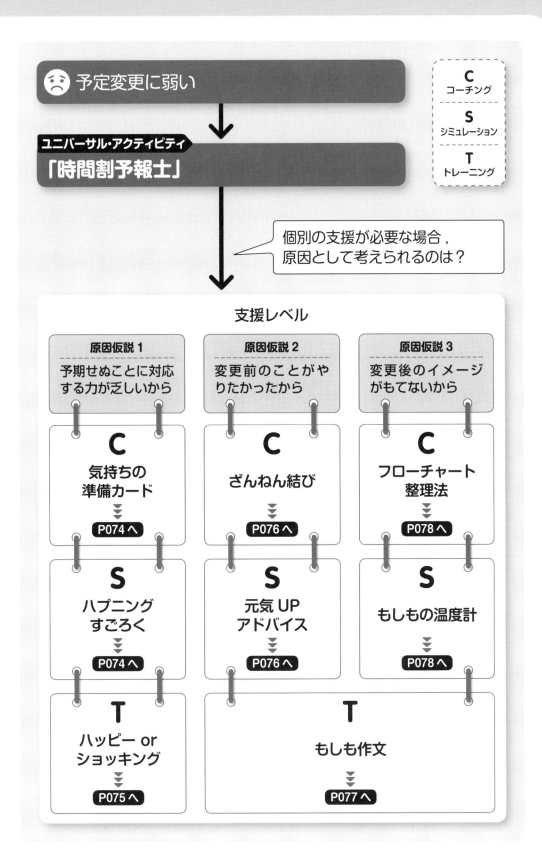

## 原因仮説 1 ▶▶▶ 予期せぬことに対応する力が乏しいから

### C

#### 気持ちの準備カード

予定変更を学級全体に知らせる前に，事前に個別で知らせます。いくつか前置きをしながら，心の準備をさせて内容を伝えます。

- ●ねらい
  - ＊予期せぬことが起きたとき，段階的にその内容を知り，落ち着いて対処する。
- ●準備物
  - ＊「変更有りカード」「変更レベルカード」等
- ●コーチングの流れ
  - ＊予定変更があった場合，学級全体に知らせる前に対象となる子どもを呼び，個別に伝える。
  
  伝え方の例：
  - ・「変更有りカード」を渡してから，内容を伝える。
  - ・「赤」「黄」「青」の色で変更によるダメージのレベルを表す「変更レベルカード」を渡してから，内容を伝える。
  - ・告知前に深呼吸等をさせて，気持ちを落ち着かせる。
  - ・変更内容を予想させる等，ショックをやわらげる。
  - ・変更内容を三択で示し，自ら予測させる。
- ●コーチングのポイント
  - ＊変更があることだけでなく，突然言われるということにも混乱を招く要素があるので，子どもの実態に合わせて，できる限り段階的に伝える準備をする。
  - ＊子どもに耐性ができてきたら，支援を少しずつ減らす（フェーディング）ようにする。
- ●ひとくちメモ
  - ＊回りくどい説明が苦手な子どもには，じらさないようにする配慮も必要である。

### S

#### ハプニングすごろく

すごろく作りを通じて，「学校でこんなことがあったらうれしい」「いやだ」という状況を想像し，そうしたときの対応を考えます。

- ●ねらい
  - ＊学校で起きやすいハプニングを考える。
  - ＊ハプニングへの対応を考える。
- ●準備物
  - ＊紙，付箋（大きめ），サイコロ
- ●シミュレーションの流れ
  ① 「ハプニングすごろく」を作ることを提案する。学校でありそうなうれしい出来事(例「テストで100点が取れた」)，ハプニング（例「牛乳が一つたりなかった」)，こんなことがあったらいやだという出来事（例「運動会の練習で休み時間が少なくなった」）を付箋に書き込んでいく。それぞれの出来事のマスには，「3マス進む」「1回休み」などの指示も書く。書き終えたら紙に付箋を貼っていき，すごろくのように作成する。
  ② 完成したらすごろくを始める。ハプニングやいやな出来事のマスに止まったとき，適切な対応が発言できれば，マスの指示に従わなくてもよいルールで遊ぶ。本人が困っているときには，教師からいくつかの対応を提案する。
- ●シミュレーションのポイント
  - ＊いやな出来事，楽しい出来事をバランスよく入れて，いやな気持ちを緩和する。
- ●ひとくちメモ
  - ＊事前に「ハプニング」「こんなことがあったらいやだ」というエピソードをクラスメイトに確認しておくこともできる。

| C | S | T |
|---|---|---|
| コーチング | シミュレーション | トレーニング |

## T

## ハッピー or ショッキング

学校での出来事を題材にしたカードをみんなで作って，坊主めくりの要領でゲームを行います。

● **ねらい**
　＊学校で起こりうる予想外の出来事をゲームの中で体験し，耐性をつける。

● **準備物**
　＊50〜60枚程度のカード

● **トレーニングの流れ**
　① 全カードの半分程度をめやすに，イベントカード（ハッピーカード，ショッキングカード）を作成する。
　　例を示して，子どもたちに学校でのハッピーだった出来事，ショッキングだった出来事を聞いていく。
　　・ハッピー……「宿題がなかった」「6時間から4時間授業になった」など
　　・ショッキング……「雨が降ってプールが中止になった」「急に算数が国語になった」など
　② カードに出来事を書いていく。ショッキングカードについては，ショッキング度を「大」「中」「小」に分類し，カードを色づけしておく。
　③ カードの作成が終わったら，坊主めくりの要領でゲームを行う。ショッキングカードが出たら，手持ちのカードを捨てる（「大→15枚，中→10枚，小→5枚」などルールを決めておく）。ハッピーカードが出たときには，捨ててあるカードをすべて回収できる。
　④ 引くカードがなくなった時点で，一番多くカードを持っていた人の勝ち。

● **トレーニングのポイント**
　＊このエクササイズは，遊びの中でショッキングな出来事を体験して，実際にその場面になったときの衝撃を減らそうとするものである。そのため，できるだけ対象児の意見を取り入れてカードを作成することが重要になる。子どもから意見が出てこない場合には，普段ありがちな場面を指導者が出して作成していく。

● **ひとくちメモ**
　＊ショッキングカードを引いたことでパニックになってしまうことがあれば，ショッキングカードを引いたときにカードや「我慢ポイント」をもらえるようにする。ポイントの分だけ終了時のカードの枚数に加算されるようにし，ショッキングカードを引くことは悪いことばかりではないと意識づける。

**原因仮説 2** ▶▶▶ **変更前のことがやりたかったから**

## C

### ざんねん結び

「諦める」という対処の仕方を覚えるための支援です。残念に思ったこと等を紙に書いて，おみくじのようにハンガーに結びます。

● **ねらい**
  * 諦めることができるようになる。
● **準備物**
  * 「ざんねん短冊」……おみくじ大の小さな紙
  * 「ざんねんハンガー」……普通のハンガー
● **コーチングの流れ**
  ① 予定変更でやりたいことができなかった等，残念に思ったことを「ざんねん短冊」に書く。
  ② おみくじを結ぶ感じで，紙を細くたたんで「ざんねんハンガー」に結ぶ。
  ③ 我慢したことを褒める。
● **コーチングのポイント**
  * 「諦める」という気持ちを視覚化する。
  * 「ざんねんハンガー」に「ざんねん短冊」がたまっていく様子から，子ども本人に「耐性がついている」という形で理解させる。
● **ひとくちメモ**
  * ある一定量，短冊が貯まったら，個別にご褒美がもらえるというシステムにしてもよい。

## S

### 元気UPアドバイス

がっかりしてしまったときに，どんなふうに自分の気持ちを立て直すかについて考えます。

● **ねらい**
  * がっかりしたときに元気になるアドバイスを考える。
● **準備物**
  * 絵カード
● **シミュレーションの流れ**
  ① Aくんという男の子ががっかりしている絵カードを見せる。
    ・がっかりしている例……「その日だけ給食のおかわりができなかった」「係の仕事で休み時間が少なくなった」「音楽の先生が休みで，授業がなくなった」
  ② Aくんにどんなアドバイスをしたら元気になるか，子どもといっしょに考える。アドバイスは三つ出せればよいことにする。
    ・アドバイスの例……「楽しいことを考えて，いやだったことを忘れるようにする」「こんなことはあまりないと思うようにしてみる」「『仕方ない，仕方ない』とつぶやく」「『悪いことがあったら，次はいいことがあるさ』と考えてみる」
  ③ 「アドバイスノート」にアドバイスをためる。
● **シミュレーションのポイント**
  * アドバイスを選択肢の中から選んでもよい。
● **ひとくちメモ**
  * 実際に自分ががっかりしたことがあったときに，アドバイスノートを参照して対応を考える。

| C | S | T |
|コーチング|シミュレーション|トレーニング|

## T

## もしも作文

「もしも」のことを考えて楽しんだり，心の準備ができるようになったりすることがねらいです。

●**ねらい**
 ＊「もしも」をイメージする力をつける。

●**準備物**
 ＊筆記用具
 ＊ワークシート

●**トレーニングの流れ**
 ① 「もしも宇宙人がいたら」など，文章の書き出しが入っているワークシートを配る。
 ② 自分でその先を考えて文章をつくる。
 ③ 1人ずつ発表し，おもしろかった作品を多数決で決める。「ありえない賞」「かっこいい賞」などの賞を全員につけてもよい。

●**トレーニングのポイント**
 ＊慣れてきたら，学校での出来事をテーマにする。その際，徐々に現実的なテーマに変えていく。
   例 「もしもプールが中止になったら……」
     「もしも学校が休みになったら……」
     「もしも授業が全部算数だったら……」
     「もしもランドセルを忘れたら……」
 ＊その文章に共感できるかどうかを，手を挙げてもらって聞いてもよい。そうすることで，自分が大変に思っていることは他の人も同じだということを理解するきっかけになる。

●**ひとくちメモ**
 ＊自分で文章を作成することが難しい子どもが多い場合には，続きの文章を選択肢から選べるようにする。
 ＊対処法を身につけさせたい場合には，後半の文章を選択式にして回答してもらう。たとえば，「外での体育の予定が，雨が降っているために体育館でやることになったら」であれば，「①なかなか体育館ではやれないからラッキーだと思う」「②体育を休む」「③いやだけど無理して参加する」などの選択肢をつくっておく。ポジティブな内容であればあるほど得点が高いことにする。子ども自身で対処法を考えられるなら，それぞれが考えた対処法を発表してもらい，みんなでポイント審査をする。

## 原因仮説 3 ▶▶▶ 変更後のイメージがもてないから

### C
#### フローチャート整理法

> 頭の中で，仮定的な考えをするのが難しい子どもへの支援です。いろいろな状況を想定し，視覚化することで，思考を整理します。

●ねらい
　＊事前に状況を想定し，考えを整理する。
●準備物
　＊紙，鉛筆
●コーチングの流れ
　① 予定変更が起こりうるときに，個別に対象となる子どもを呼ぶ。
　② たとえば，「運動会の練習が明日の3時間目に入るかもしれないから，大好きな音楽ができなくなるかもしれない」という状況であれば，予定どおりの場合とそうではない場合を想定し，紙に書かせる。
　③ 予定どおりではなかった場合の変更パターンと，それに伴う子どもの気持ちや，その気持ちの対処法も書く。
　④ 書いたチャートを持ち帰らせ，自分である程度想定して，翌日登校させる。

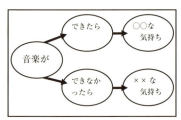

●コーチングのポイント
　＊変更後の事柄だけでなく，子どもの心理状態やその対処法までイメージできるとよい。
●ひとくちメモ
　＊徐々に，同じ手続きを口頭だけの対応でもできるようにする。

### S
#### もしもの温度計

> 「もしも」のときの気持ちをイメージする練習をします。

●ねらい
　＊学校生活で起きそうなことについて考える。
●準備物
　＊時間割
　＊付箋
　＊温度計のイラスト
●シミュレーションの流れ
　① 今日の時間割を見せる。時間割にある授業や休み時間に「こんなことが起きたらしあわせ」という出来事を付箋に書き込ませる。ひととおり書き終わったら，「こんなことが起きたらつらい」という出来事を書き込ませる。それぞれ書き終えたら，そんなことが本当に起きたらどれくらいびっくりするか，温度計の目盛り(0〜100)にチェックを入れさせる。
　例：
　　・しあわせ……「テストで100点が取れた」
　　・つらい……「運動会の練習で休み時間が少なくなった」
　② つらい出来事が起きた場合の気持ちの温度と，どうしたらいいかについて話し合う。
●シミュレーションのポイント
　＊温度計の目盛りにチェックをすることが難しい場合は，言葉で「すごくびっくり」「ちょっとだけびっくり」などと選択させてもよい。
●ひとくちメモ
　＊前述のシミュレーション「ハプニングすごろく」と合わせて取り組むこともよい。

## T

# もしも作文

（P077 を参照）

## 朝の会

# 提出物を出しそこなう

### 子どもの様子と支援のポイント

発達障害のある子の場合には，宿題や提出物をちゃんと準備してきているのに，最後の提出段階で，それを提出しそこなう失敗をすることが案外多いようです。教師側も提出物を集めているその時点では全員が提出したかどうかまでの確認をする余裕がないことも多く，本人だけでもできるサポート方法を考えたり，意識を高める方法を探したりすることは不可欠です。ここで紹介する支援のポイントは「リマインダー（思い出し）機能の活用」と「スケジュールの全体理解」が中心になります。将来，自分に対してリマインダーを出せるようになる基礎的な体験にしたいです。

#### ユニバーサル・アクティビティ 「ていしゅつシグナル」

**ねらい** ＊提出物があることに気づき，自分で提出物を出す。

**流れ**
① 「ていしゅつシグナル」を作る。
　例　表の赤い面に「ある」と書き，裏の青い面に「ない」と書く。
② 「ていしゅつシグナル」を黒板の隅に貼る。
③ 普段は青面にしておき，提出物があるときは赤面にして掲示する。

**ポイント** ＊「ていしゅつシグナル」の近くに，何を提出するかを板書しておくのもよい。

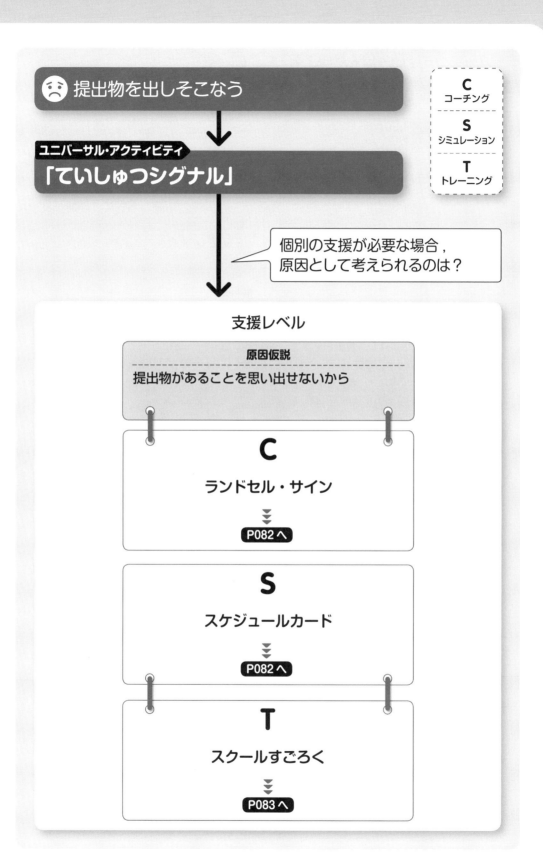

**原因仮説** ▶▶▶ 提出物があることを思い出せないから

## C

### ランドセル・サイン

朝の支度をするときに，提出物があることを思い出させるための支援です。ランドセルを開くと，提出物の有無がすぐにわかります。

●ねらい
＊自分で提出物があることを思い出す。
●準備物
＊「ランドセル・サイン」……提出物があることを知らせるカード。直径15cmくらいの円形のカードで，表を赤，裏を青にする。赤面側には「ある」と表記し，青面側には「ない」と表記する。
●コーチングの流れ
① 「ランドセル・サイン」を作る。
② 子どもに渡し，使い方を説明する。
③ 「ランドセル・サイン」をランドセルのポケットに入れさせる。

ココ→

④ 子どもが家で持ち物をそろえているときに，翌日提出物がある場合は赤面に，ない場合は青面にセットさせる。
⑤ 翌朝，教室に着いたら，サインを確認させる。
⑥ 赤面のときは，提出物を出させる。
●コーチングのポイント
＊保護者にも協力してもらい，前日のサインの確認を徹底する。
●ひとくちメモ
＊サインを入れる場所は，他にも，ふたの裏側や筆箱の中など，対象の子どもの目が行きやすいところにする。

## S

### スケジュールカード

朝にすることの整理を通して，どのタイミングで提出物を出すかの理解を促します。

●ねらい
＊登校したら提出物を出すことを理解する。
●準備物
＊絵カード（朝にすること）
●シミュレーションの流れ
① 朝のスケジュールカードを作成することを子どもに伝える。
② 朝，教室に着いてから取り組むことが書いてあるカードを子どもに渡し，朝の会が始まるまでにすることを適切な順番に並べる。
　＊カードの例……「友達と遊ぶ」「提出物を出す」「ランドセルをロッカーにしまう」「教科書を机に入れる」「ランドセル・サインを確認する」「体操着をフックに掛ける」
③ 完成したスケジュールカードを子どもに渡す。
④ 朝，教室に着いたら，スケジュールカードの内容を一つ終えるたびにカードにチェックし，確実に提出物を出せるようにする。
●シミュレーションのポイント
＊前述のコーチング「ランドセル・サイン」と組み合わせて行うと，提出忘れがなくなる。
●ひとくちメモ
＊一つチェックしたら違うことをしてしまう場合には，タイマーを用いて「○分以内で準備する」ことにチャレンジさせる。

| C | S | **T** |
|---|---|---|
| コーチング | シミュレーション | トレーニング |

## T

# スクールすごろく

学校のスケジュールをすごろくのマスに当てはめたすごろくです。ここでは，提出物を出す習慣をつけることをねらってルール設定をしています。

● **ねらい**
  * （遊びの中で）提出物を出す。

● **準備物**
  * 作成したすごろくのセット
  * ドリル，ノートなどのカード（実物を使ってもよい）

● **トレーニングの流れ**
  ① 提出物にかかわるマスを入れたすごろくを作成する。
     例：
     ・スタート……「3～6が出たら，宿題を終わらせてスタートできる『宿題カード』をゲット」
     ・学校に着いた……「宿題カードを提出。サイコロを振って1が出たら，宿題のやり残しが見つかった。1回休み」
     ・1時間目　国語……「漢字ドリルを提出。サイコロを振って4～6が出たら，よくできていて褒められた。3マス進む」
     ・2時間目　算数……「算数プリントを提出。サイコロを振って1が出たら，プリントが破れていて叱られた。3マス戻る」
     ・中休み……「忘れ物に気づいた。1が出たら，家に帰る→スタートへ。2～6なら，お母さんが届けてくれた→そのまま」
     ・家に着いた……「1が出たら，大事なプリントを忘れた。10マス戻る。2～6なら，ゴール」
  ② すごろくを何人かで行う。その際，提出にかかわるマスでは，カードもしくは実際のドリル等のアイテムを提出かごに提出する。なお，提出にかかわるマスは必ず止まるようにしなくてもよいが，その場合には，「通過したときに出し忘れると，2回休み」などのペナルティを設ける。

● **トレーニングのポイント**
  * できるだけ対象の子どもの現実場面に近いマスを作成することで，普段の生活に意識を向けやすいようにする。

● **ひとくちメモ**
  * 前日の準備に問題がある場合には，前日の家に帰ってきてからのマスからスタートしてもよい。

# （授業中）話を聞けない

## 😊 子どもの様子と支援のポイント

　発達障害のある子のつまずきの中でも，目立つものの一つが「話の聞けなさ」です。このつまずきは「言語能力」「記憶力」「対人意識」など，さまざまな原因が複雑に絡まって起きるため，簡単には改善しないことも多いです。しかし，一つひとつ，こうした原因を押さえた指導を継続していくと，徐々に力がついてきます。対人意識が気になる子へは「人に注目する」練習から始めるのがよいでしょう。また，言語能力に課題がある場合には，細かな内容理解をめざすより「全体の概要を押さえる」ことをめざすとよいでしょう。これは記憶の弱さを補う視点にもなります。

### ユニバーサル・アクティビティ 「聞き取りウォーミングアップ～買い物編～」

**ねらい** ＊教師の話に注意を向ける。

**流れ**
① 教師の言葉を聞いて，野菜だったら「両手を挙げる」，お菓子だったら「両手を胸の前でクロスさせる」，日用品だったら「両手を膝の上に置く」ように指示し，テンポよく何問か繰り返して出題する。
② 学級の全員が正解し，動作がそろったところで授業に入る。

**ポイント** ＊動物編や乗り物編，あるいはクラスのオリジナルテーマを設定する。

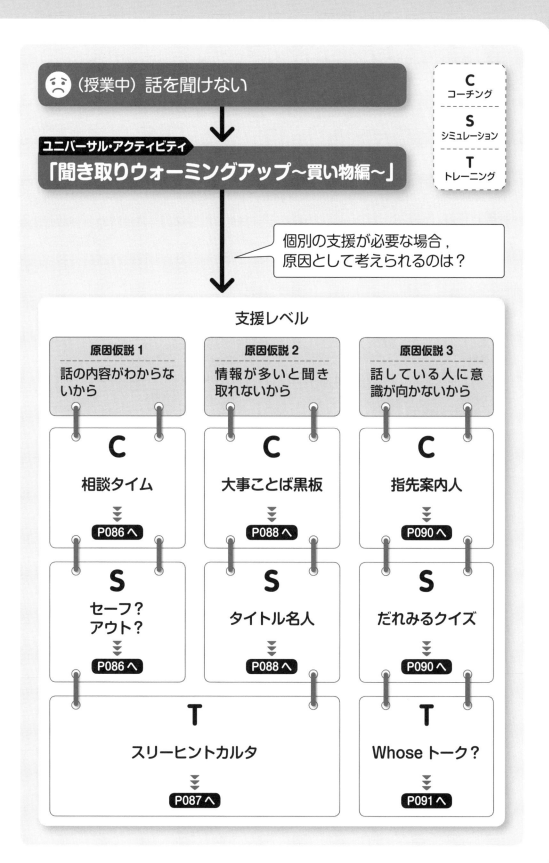

## 原因仮説 1 ▶▶▶ 話の内容がわからないから

### C

#### 相談タイム

授業中にわからなくなってしまったら，その旨を教師に意思表示させて，わからないところをその場で個別に支援します。

●ねらい
＊わからないという意思表示をする。
＊質問してわからないところを伝える。
＊説明を受けて内容を理解する。

●準備物
＊「ヘルプカード」……片方に「OK」，もう一方に「HELP」と書かれたカード

[HELP] [OK]

●コーチングの流れ
① 「ヘルプカード」を作り，対象となる子どもに渡す。
② わからなくなったら，「ヘルプカード」の「HELP」側を表にすると，個別に教師が相談を受けてくれることを伝える。
③ 説明を受け理解することができたら，カードを「OK」側に戻すように伝える。
④ 意思表示できたことを褒める。

●コーチングのポイント
＊わからないときは，恥ずかしがらずにどんどん質問してよいという，学級における雰囲気づくりが大切である。
＊わからないことが原因で話が聞けなくならないよう，できるだけ個別にフォローする。
＊「ヘルプカード」を出しても，すぐに対応してもらえないときもあることを理解させる。

●ひとくちメモ
＊慣れてきたら，質問の前に，わからない部分を簡単にメモさせておくようにする。

### S

#### セーフ？ アウト？

授業中にわからなくなってしまったときの対応として，よい行動と不適切な行動を理解することに取り組みます。

●ねらい
＊わからない場合の適切な行動を理解する。

●準備物
＊特になし

●シミュレーションの流れ
① 教師からクイズを5問出す。子どもは，その行動が授業中セーフか，それともアウトかをジェスチャーで答える。
クイズの例：
「太郎君は授業の内容がわからないので」
1 教室を飛び出した。
2 手を挙げて質問した。
3 本を読んだ。
4 隣の子に話しかけた。
5 隣の子に教えてもらおうとした。
② 今度は子どもがクイズを5問つくり，教師がセーフかアウトかを答える役になる。

●シミュレーションのポイント
＊できるようになってきたら，アウトかセーフかだけでなく，行動として一番よいのはどれかを理由をつけて説明できると，ボーナスポイントになる設定にする。

●ひとくちメモ
＊場面によって，行動としてOKであるかどうかの判断が変わる課題に取り組む。
　例　先生が説明をしているときに，何度も質問をする。

| C | S | T |
|---|---|---|
| コーチング | シミュレーション | トレーニング |

## T

## スリーヒントカルタ

内容がわからなくても，最後まで話を聞く体験のために行います。三つのヒントを聞いて覚えなくてはいけないので，複数のことを覚えておく練習にもなります。

●**ねらい**
　＊注意深く話を聞く。
　＊複数のことを記憶する。

●**準備物**
　＊カルタに使うカードや写真

●**トレーニングの流れ**
　① カルタの要領で，参加する子どもたちの前にランダムにカードを置く。指導者のヒントを聞いて答えがわかったら，カードを取るよう教示する。
　② 指導者はヒントを一つずつ，間を空けて言う（例「①野菜です」「②赤色です」「③丸い形です」→答え「トマト」）。三つ目のヒントを聞くまで，確実に一つには絞れないようにヒントを出す。
　③ お手つきをした場合には，次の問題を休みにする。

●**トレーニングのポイント**
　＊何がわからないのかがわかっていない子どもがいる場合，「アイドンノウカード」を子どもに持たせ，知らない言葉が出てきたときにそのカードを提示すれば，さらにわかりやすいヒントをもらえるルールを加える。
　＊どの段階で答えてもよいことを教示するが，最後まで聞かずに間違えることが目立つ子どもには，お休みをしているときにフィードバックをする（「最後まで聞いたら簡単だよね」「途中だったから間違えちゃったんだね」など）。
　＊終了時のフィードバックとして，「はじめはわからなくても，最後まで聞いていたら答えがわかったよね」など，話を聞けばわかるという体験を振り返る時間をもつ。

●**ひとくちメモ**
　＊周りの子に圧倒されてしまう子どもいる場合には，カルタ形式ではなく，わかった時点で手を挙げて指導者に耳打ちする形で答える形式にする。その際は，一つ目のヒントで答えたら3点，二つ目なら2点，三つ目なら1点などと得点を分ける。得点を黒板等に示しておき，自分がどのような傾向だったか，他の子がどのような傾向だったかを振り返る時間をもつ（「一つ目で答えてよく間違えていた」「最後まで聞いていて正解できていた」など）。

## 原因仮説 2 ▶▶▶ 情報が多いと聞き取れないから

### C

#### 大事ことば黒板

一度に多くのことを聞き取ることが困難な子どもに対応するため、授業中に出した指示の一部を、専用の黒板に書いて視覚化します。

- ●ねらい
  - ＊キーワードを見て、指示を理解する。
- ●準備物
  - ＊「大事ことば黒板」……キーワードを書くための補助黒板
- ●コーチングの流れ
  - ① 「大事ことば黒板」を用意する。
  - ② 対象となる子どもに対し、わからなくなったら「大事ことば黒板」に書かれているキーワードを見るように指示する。
  - ③ 板書計画に基づく板書以外で、口頭による説明や指示の内容を端的に表すキーワードを、「大事ことば黒板」に書く。
  例：
  ・ドリルを2ページやったら読書
  ・正しい姿勢のポイントは〜。
  ・○○くんのつぶやき
  ・今日の大発見は〜。
- ●コーチングのポイント
  - ＊基本的には、キーワードになる部分を自分自身で把握できるようにするためのモデル学習のつもりで行う。
- ●ひとくちメモ
  - ＊対象となる子どもの聴覚的短期記憶容量を事前にチェックしておくと、説明や指示の長さと「大事ことば」の適正量が導き出せる。

### S

#### タイトル名人

話の要点（テーマやキーワード）をつかんで、記憶する負担を減らすことに取り組みます。

- ●ねらい
  - ＊話の要点をつかむ。
- ●準備物
  - ＊話の原稿
- ●シミュレーションの流れ
  - ＊以下の話をして、子どもに何の話をしていたか、その話のタイトルをつけさせる。
  「今から計算ドリルをやりましょう。ドリルは32ページをやってください。まだ教科書の問題19が終わっていない人は、それをやってからドリルをやってください。終わった人から先生のところに持ってきてください。時間は10時15分までです」
  ・タイトルの例「問題19をやってからドリルの32ページをやる」
- ●シミュレーションのポイント
  - ＊授業中の指示を覚えることに対して意欲が低い場合には、子どもが興味をもちそうな話の内容からタイトルをつける練習に取り組んでもよい。
- ●ひとくちメモ
  - ＊慣れてきたら、長い話からキーワードを探す課題に取り組むとよい。

| C | S | T |
|---|---|---|
| コーチング | シミュレーション | トレーニング |

# T

## スリーヒントカルタ

（P087を参照）

## 原因仮説 3 ▶▶▶ 話している人に意識が向かないから

### C

#### 指先案内人

話をしている人に気持ちを向けにくい子どもに対し、まず教師の指の動きに注目させ、最終的に視線を合わせるようにします。

●ねらい
 *相手の指の動きに注目する。
 *相手と視線を合わせる。

●準備物
 *特になし

●コーチングの流れ
 ① 教師の指先を、子どもに追視させる。
 ② 教師は人差し指を立て、腕を伸ばし、ゆっくり大きく腕を動かす。
 ③ 指の動きが止まった場所を、声に出して言わせる。
  例 上、下、右、左、真ん中など
 ④ 顔の部位にも指先を止め、その場所を声に出して言わせる。
 ⑤ 最後に、目に指先を持ってきて、子どもの視線を合わせる。

●コーチングのポイント
 *黙って指先を追視するバージョンでもよい。
 *必要に応じて、学級全体、あるいは個別で行う。

●ひとくちメモ
 *自閉症スペクトラム等、視線を合わせにくい場合は、鼻や額、眉間、あご等、目以外の場所に視線が行くようにする。

### S

#### だれみるクイズ

授業中、誰に注目をするとよいか確認することを通じて、話をしている人に注目させることへ意識を高めます。

●ねらい
 *話している人に注目させる。

●準備物
 *クラスの座席表

●シミュレーションの流れ
 ① クラスの座席表を見せて、Aくんは誰に注目をするとよいか、注目すべき人まで線（Aくんの視線）を引かせる。
  例 先生が前で話をしていて、Aくんの席の近くにいる子も何人か話をしている。
 ② シチュエーションごとに、教師、発表している人、教科書の音読をしている人、班長、隣の人などにも取り組む。
 ③ 子どもを実際に着席させ、教師から提示された人に注目する練習に取り組む。

●シミュレーションのポイント
 *③で注目される人を経験してみて、注目するということの意味を理解させる。

●ひとくちメモ
 *話している人に視線を向けることで、どのようなメリットがあるか話し合うこともよい。

| C | S | T |
|コーチング|シミュレーション|トレーニング|

# T

## Whose トーク？

話した人と話した内容のマッチングをさせるゲームです。この体験を通して，誰が話しているのかに注意を向けることも含めて，「話を聞く」ことをめざします。

### ●ねらい
＊話している人に注目する。

### ●準備物
＊「マイデータカード」の用紙
＊解答用紙

### ●トレーニングの流れ
① 「マイデータカード」を作成する。項目としては，好きなテレビ番組や好きな遊び，好きな食べ物，好きな教科，嫌いな教科など，参加する子どもたちが興味をもてる項目を入れる。
② カードを作成し終ったら，それを持って1人ずつ発表する。
③ 発表が終わったら，席に着いてクイズを行う。指導者が「Aくんが好きなテレビ番組は？」などの問題を出して，子どもは解答用紙に記入する。
④ 答え合わせは，「ぼくの好きな○○は～です」と1人ずつ発表してもらう。正解者にはポイントを与え，ポイント数を競う。

### ●トレーニングのポイント
＊発表の前に，「発表した内容についてのクイズ」をすることを伝え，誰が話しているかを意識しながら内容を聞けるようにすることを促す。

### ●ひとくちメモ
＊「マイデータカード」の内容の1問1答ではなく，「夏休みの思い出」などのテーマで短い作文を書いてもらって，その中からクイズを出す方式にすると，難易度が上がる。

 授業中

# 授業と関係のないことをする

## 子どもの様子と支援のポイント

　授業と関係のないことに気持ちが行ってしまって，授業参加がおろそかになる子がいます。気になっていることがあったり，途中で目についたり気づいたりしたことに気持ちが動いてしまうのです。こうした子どもに本人の努力がたりないことばかり伝えても，事態はよくなりません。むしろ，そうした妨害刺激にどう対処するのがよいかという文脈で指導を進めるのがよいです。そのためには，第一に，妨害刺激に対して「自分の注意をそらす〈邪魔〉なもの」との認識を育てる必要があります。その上で，邪魔なものをなくす，負けないようにする，などを伝えたいのです。

### ユニバーサル・アクティビティ　「ミルキィカンガルー」

**ねらい**　＊学習や活動前に，言葉を発することで，気持ちの切り替えをする。

**流れ**　○避難訓練時の「お・か・し・も」のように，場面に応じたリセットワードをクラス全員で発声してから活動を始める。
例　授業前：「みる・き・い・かんがるー」（ミルキィカンガルー）……「**みる（見る）**」「**きく（聞く）**」「**いう（言う）**」「**かんがえる（考える）**」

**ポイント**　＊掃除，給食，下校等，場面に応じたリセットワードを用意する。
＊カンガルーの掲示物を作り，「見るポイント」や「聞くポイント」などを設定し，そのときの授業でがんばったポイントをシールで貼っていくという形に発展させてもよい。

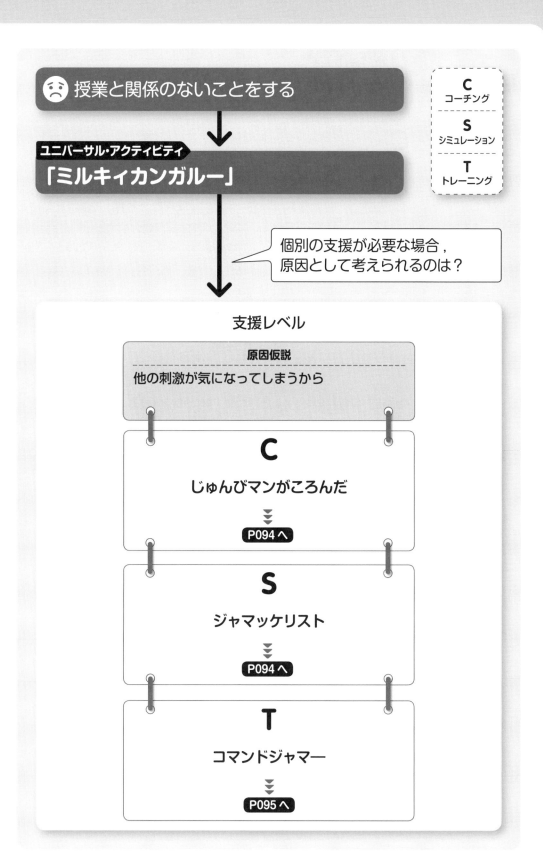

▶▶▶ # 他の刺激が気になってしまうから

## C

### じゅんびマンがころんだ

授業と関係のないもので遊んでしまわないように，始業前に遊び感覚で，授業に必要のないものを机の中にしまいます。

●ねらい
 *必要のないものをしまい，授業の準備をする。
●準備物
 *特になし
●コーチングの流れ
 ① 授業の直前，あるいは始業後すぐに，対象となる子どものそばへ行く。
 ② 「だるまさんがころんだ」の要領で，教師が「じゅんびマンがころんだ」と言っている間は目を閉じ，言い終わった瞬間に目を開ける。
 ③ 子どもは，教師が目を閉じている間だけ動いて，ものを片づけてよい。
 ④ これを繰り返し，最後まで片づけられたら子どもの勝ち。
 ⑤ 途中，動いているのを教師に見られてしまったらその時点で終了し，最後まで片づけさせる。
●コーチングのポイント
 *子どもの実態と学級の状態によって，実施のタイミングを設定する。
 *はじめのうちは，学級全体で取り組んでもよい。
●ひとくちメモ
 *「じゅんびマンがころんだ」をしなくても準備できるのが真の「じゅんびマン」であり，最終的には「じゅんびマン」になることを意識させる。

## S

### ジャマッケリスト

授業中に自分の注意をそらす，邪魔になるものをリストアップし，それを減らす方法を話し合います。

●ねらい
 *注意がそれるものを理解する。
 *注意がそれるものを減らす。
●準備物
 *紙
 *鉛筆
●シミュレーションの流れ
 ① 授業に集中することを邪魔する「ジャマッケリスト」をつくることを伝える。
 ② 教師と子どもが交代で「ジャマッケどーれだ」ゲームに取り組む。ゲームは，問題を出すほうが机の上にいろいろなものを置き，一つだけ入れておいた「ジャマッケ」を何秒で探せるかにチャレンジする。
 ③ 子どもといっしょに「ジャマッケリスト」をつくる。
  例 机の中の図書室で借りた本，遊べる鉛筆や消しゴム
●シミュレーションのポイント
 *持ち物以外（話をしている人など）で注意がそれてしまうことが多い場合には，内容を書き込んだカードにして「ジャマッケどーれだ」を行う。
●ひとくちメモ
 *授業を始める前にジャマッケリストを見て，「ジャマッケに負けるな」と励まして授業に臨む姿勢をつくらせるのもよい。

| C | S | T |
|---|---|---|
| コーチング | シミュレーション | トレーニング |

## T

# コマンドジャマー

このエクササイズでは，妨害する視覚的な刺激がある状態でも，気をそらさずに聞き取り続けることを練習します。

● ねらい
　＊他のことに気を取られないで聞き，行動に移す。

● 準備物
　＊特になし

● トレーニングの流れ
　① 指導者の1人が「ジャマー」として前に立つ。子どもたちは横一列に並ぶ。
　② 別の指導者が「座ってください」「その場で回転してください」「ジャンプしてください」など，その場でできる簡単な指示を出す。「ジャマー」になる指導者は，反対の行動や，まったく別の行動をする。
　③ 「ジャマー」につられて指導者の指示に従えなかった人はアウト。最後まで残っていられた人が勝ちとなる。

● トレーニングのポイント
　＊「ジャマー」役の指導者は，子どもたちの注意を引けるように，大げさに行動する。

● ひとくちメモ
　＊肯定文「〜してください」と否定文「〜しないでください」を混ぜて指示することで，難しくなる。

授業中

# 話し合いができない

## 子どもの様子と支援のポイント

「話し合い」活動も多くの能力を複合的に必要とします。そのため，この指導が最もよいと簡単には言えません。ここで紹介する支援は，言いたい意見があるのにスキル不足でうまくいかない子を対象にしています。こうした子の話し合いのうまくいかなさの原因は，「手順」「タイミング」「こだわり」の三つのハードルに注目したいです。手順やタイミングはある種の「暗黙のルール」ですので，それを「明確化」する支援が効きます。また，自分の意見に「こだわり」続けてしまう子には，ゲーム感覚の（気楽な）雰囲気の中で「いい意見探し」をする体験を用意します。

### ユニバーサル・アクティビティ 「リアクションマスター」

**ねらい** ＊話し上手，聞き上手になるため，あいづちのレパートリーを知る。

**流れ** ○話し合いのとき，相手の話を引き出すためのあいづちを入れさせる。
・促し系ワード……「ふーん」「それでそれで？」
・感想系ワード……「へー！」「すごーい！」
・理解系ワード……「なるほど」「なっとく」「ふむふむ」

**ポイント** ＊疑問，説明補足，共感等，ジャンルのレパートリーの幅を広げる。
＊教科を問わず，さまざまな話し合い活動の中で意図的に活用させる。

## 実践の声

タイミングがわからない子どもがいたので，担任がモデルを見せるなどの工夫をしました。ワードごとにカードを作ると，発言やリアクションが苦手な子も参加できる雰囲気がつくれます。また，別のリアクションカードの要望も出るなどの発展もありました。

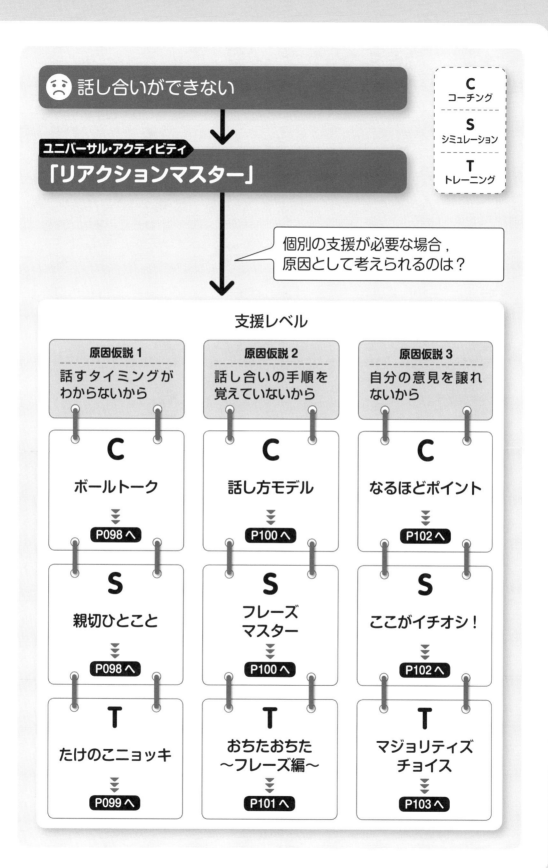

## 原因仮説 1 ▶▶▶ 話すタイミングがわからないから

### C

#### ボールトーク

「回ってきたボールを持っている人だけが話すことができる」というルールにすることで，タイミングを取りやすくし，発言を促します。

- ●ねらい
  * 話し合いの中で，相手に伝えたいことを伝える。
- ●準備物
  * 「トーキングボール」……手のひらサイズのボール
- ●コーチングの流れ
  ① 班の中で，司会を決める。
  ② 各班の司会に，トーキングボールを渡す。
  ③ ボールを持っている人だけが発言できるというルールを確認する。
  ④ 司会を中心に，話し合いを進めさせる。
  ⑤ 順番にボールを回し，ボールを受け取った人は発言する。
  ⑥ 最後は，司会がトーキングボールを回収する。
- ●コーチングのポイント
  * 自分から相手のボールを取ってはならず，必ず相手から受け取ってから話すというルールを徹底する。
  * 発言が終わったら，毎回ボールを司会に戻すパターンと，ボールをフリーに回すパターンを使い分けられるようにする。
- ●ひとくちメモ
  * 対象となる子どもが発言しやすいように，同じ班の子どもにも配慮してボールを回すように伝えておくとよい。

### S

#### 親切ひとこと

言いたいことがあったとき，すぐに発言してしまうことを防ぐ一言を考えることで，出し抜けに話すことを減らしていきます。

- ●ねらい
  * 確認してから話すスキルを身につける。
- ●準備物
  * 絵カード（紙芝居）
- ●シミュレーションの流れ
  ① 紙芝居やショートストーリーを聞かせて，登場人物「Aくん」が，とにかく思いついたときにすぐ発言をしてしまうので，周囲が困っていることを確認する。
  ② 意見を思いついて話す前には，どんな一言や行動をすると周囲の子にとって親切か，アイデアを出し合う。
  例：
  ・手を挙げて，指名されてから意見を言う。
  ・「いま話してもいい？」と聞く。
  ③ もし，意見を言いたいタイミングが重なった場合には，どういう一言で解決できるか，アイデアを出し合う。
  例「忘れちゃいそうだから，先に言ってもいい？」「じゃあ，次は言わせてね」
- ●シミュレーションのポイント
  * 前述のコーチング「ボールトーク」と併せて取り組んでもよい。
- ●ひとくちメモ
  * 発言を我慢して自分の言いたいことを忘れないために，話したいことのキーワードをメモする練習に取り組んでみるのもよい。

| C | S | T |
|コーチング|シミュレーション|トレーニング|

## T

## たけのこニョッキ

「他の人とタイミングが同じにならないようにする」「タイミングよく話し出す」など，話し合いで必要になる要素を実際に体験します。

● **ねらい**
　＊周囲の状況を見て，タイミングを計る。
　＊タイミングを合わせることの難しさを理解する。

● **準備物**
　＊特になし

● **トレーニングの流れ**
　① 全員の表情が見えるようにいすを円形に並べ，「たけのこたけのこニョッキッキ」の合図で両手を合わせて，たけのこのようなポーズを取る。
　② 他の人と重ならないように，「1ニョッキ」「2ニョッキ」と合わせた両手を挙げながら言っていく。それを繰り返す。
　③ 他の人とタイミングが重ならないで言えたらセーフ。重なってしまった人，もしくは最後まで残ってしまった人がアウト。ポイント制，勝ち残り制などにして行う。

● **トレーニングのポイント**
　＊事前に「周りをよく見て判断すること」を伝えておく。また，それぞれが失敗していたことを振り返り，「周りをよく見たとしても，どのタイミングがよいかはわかりづらいもの」だと伝え，失敗しても気にしないように声をかける（失敗すると「空気が読めない」などと評価されやすいため）。
　＊受け身的，引っ込み思案の子どもには，タイミングよく言えたときには特に肯定的なフィードバックを与える。

● **ひとくちメモ**
　＊指導者も参加するなど，人数を増減して難易度を調整する。

第Ⅱ章　学校でつまずく典型場面21

## 原因仮説 2 ▶▶▶ 話し合いの手順を覚えていないから

### C
#### 話し方モデル

班ごとの話し合い等に、手順がわからず参加できないとき、司会者が示すヒントを見ながら自分の意見が言えるようにします。

- ●ねらい
  - ＊ヒントをたよりに、話し合いに参加する。
- ●準備物
  - ＊「話し方モデルカード」……「わたしは〜思います。なぜなら……」「○○さんの意見と同じですが……」「○○さんの意見と反対ですが……」「理由はわかりませんが、〜だと思います」「質問ですが……」等、話し合いの中で意見を言い出すときの話し方のモデルを、1枚のカードに書いたもの（何種類か用意する）
- ●コーチングの流れ
  ① 学級全体に、司会者の役割等、話し合いの手順を説明する。
  ② 「話し方モデルカード」の使い方を説明する。
  ③ 班ごとに分かれて話し合いをさせる。
  ④ 話し合いに参加できていない友達がいたら、司会者に「話し方モデルカード」を見せて発言を促すように指示する。
  ⑤ 班のメンバー全員が話し合いに参加できたか、確認する。
- ●コーチングのポイント
  ＊板マグネットで「話し方モデルカード」を作成し、ミニホワイトボードに貼って、班の数と同じセット用意しておいてもよい。
- ●ひとくちメモ
  ＊学年や発達段階に応じて、「話し方モデルカード」の内容や枚数を設定する。

### S
#### フレーズマスター

話し合い場面で自分の意見を言いたいときに、どのようなフレーズを最初に言うことで発言しやすくなるかを学びます。

- ●ねらい
  - ＊意見を言いたいときの表現の仕方を知る。
- ●準備物
  - ＊絵カード（話し合いをしている場面）
  - ＊フレーズリスト
- ●シミュレーションの流れ
  ① 子どもに絵カードを見せ、以下のような「言いたいことがある」ときにどんなフレーズを言うとよいか考える。
    例：
    ・発言したい→「いま発言してもいいですか？」
    ・自分の意見を主張したい→「ぼくは〜という理由でこれがいいと思う」
    ・他の人の意見がよいと思った→「○○さんの意見がいいと思いました。理由は〜だからです」
  ② 「言いたいことがある」に合わせた「フレーズ」が見つかったら、フレーズリストに書き込み、対応表をつくってレパートリーの拡張を行う。
- ●シミュレーションのポイント
  ＊まずは、よくある場面、基本的なフレーズから整理するとよい。
- ●ひとくちメモ
  ＊レパートリーが増えてきたら、「やんわりと反対意見を言いたい」「人の考えを聞いて考えが変わった」ときに、どのようなフレーズを言うとよいかなど、場面の難易度を上げる。

| C | S | T |
|---|---|---|
| コーチング | シミュレーション | トレーニング |

## T

## おちたおちた〜フレーズ編〜

おなじみの遊び「おちたおちた」の要領で，提示されたテーマに合ったフレーズを言うエクササイズです。アレンジで話し合いに必要な言葉を学びます。

● **ねらい**
　＊場面に合った言葉を言う。

● **準備物**
　＊テーマが書いてある用紙（文字でも絵でもよい）
　＊話し合いのフレーズの用紙

● **トレーニングの流れ**
　① テーマと，それに合ったフレーズの一覧を提示する。
　　例　・八百屋のおじさん→「へいらっしゃい」
　　　　・ホテルマン→「メイアイヘルプユー？」
　　　　・秘書→「ご用ですか？」
　　　　・お侍さん→「かたじけない」
　② 指導者が「おちたおちた」と言い，子どもたちは「なにがおちた」と返答する。指導者はテーマを一つ言って，子どもたちはそれに応じたフレーズを言う。間違えた人は抜けていく。最後まで残った人の勝ち。

● **トレーニングのポイント**
　＊話し合い用のアレンジとして，話し合いの場面とそれに合ったフレーズを答える形式にする。フレーズは，コーチング，シミュレーションで考えたフレーズを使用してもよいし，エクササイズ用に短めのフレーズをつくってもよい。
　　例　意見を言いたい→「（手を挙げて）意見あり」
　　　　反対意見がある→「反対。理由は……」

● **ひとくちメモ**
　＊学級の話し合いの実際に応じて，フレーズをアレンジする。

## 原因仮説 3 ▶▶▶ 自分の意見を譲れないから

### C

#### なるほどポイント

話し合いの最後に，自分の意見以外で，出た意見の中からよい意見だと思ったものをあげさせ，他者の意見のよさに気づかせます。

● ねらい
　＊友達の意見のよさに気づく。
● 準備物
　＊特になし（必要に応じて，振り返りカード）
● コーチングの流れ
　① 各班で話し合いをさせる。
　② 各自の意見が出そろったところで，自分の意見以外で「なるほど！」と思ったり，「いい意見だな」と思ったりした友達の意見に対し，「なるほどポイント」をつける。
　③ 学級全体で，各班の話し合いのフィードバックをするときに，班の中で「なるほどポイント」が多かった意見を紹介する。
● コーチングのポイント
　＊実態に応じて，「なるほどポイント」の持ち点を1人につき1ポイントにしてもよいし，何ポイントでもつけられるようにしてもよい。
　＊必要に応じて，話し合いの振り返りカードを作成し，意見を言った人，意見の内容，なるほどポイントの累積ポイント等を記録できるようにしてもよい。
● ひとくちメモ
　＊気持ち的に「自分の意見以外に」ができない子どもの場合は，「なるほどポイントを一番集めた意見に自分も投票したら，自分自身もポイントがもらえる」などの設定にすると，内容もよく吟味して，積極的に「自分以外」の意見に投票できる。

### S

#### ここがイチオシ！

二つの対立した意見に対し，それぞれ自分が感心したポイントを見つけ，さまざまな意見のよさに注目することに取り組みます。

● ねらい
　＊いろいろな意見のよさに気づく。
● 準備物
　＊特になし
● シミュレーションの流れ
　① 「夏休みと冬休み，どっちがいい？」というテーマのショートストーリーで，AくんとBくんの意見を子どもに聞かせる。
　　・Aくん「夏休みがいい。だって休みが長いし，旅行にも行けるし，アイスは食べられるし，プールも楽しい」
　　・Bくん「冬休みがいい。クリスマスはあるし，お年玉ももらえる。夏休みより短いけど，あんまり長いと飽きるから，これくらいがちょうどいい」
　② Aくん，Bくんの意見で「ここがイチオシ」と思うところを見つけて，説明させる。
　③ 自分が体験したい夏休みと冬休みの「いいとこどり」の意見（空想）を考えて，それぞれによいところがあることを確認する。
　　例「ぼくは食いしん坊だから，クリスマスケーキとアイスを食べたいな」
● シミュレーションのポイント
　＊「夏休み／冬休み」以外に，「ペットに犬／猫」「遊びに海／山」「生まれ変わったら男の子／女の子」など。
　＊討論にならないように注意する。
● ひとくちメモ
　＊他の子どものイチオシを知る機会にもする。

| C コーチング | S シミュレーション | T トレーニング |

---

## T

# マジョリティズチョイス

多数派がどちらになるかを考え，自分の意見を決定することを通して，他の人の意見も意識できるようにしていきます。

● **ねらい**
　＊自分の意見だけでなく，他人の意見も考える。

● **準備物**
　＊回答用紙
　＊回答を入れる箱

● **トレーニングの流れ**
　① 2択の問題を提示する。子どもたちは，どちらのほうが人数が多くなりそうかを考える。
　② 回答用紙に自分の名前と回答を書いて，回答箱に入れる。
　③ 指導者は，名前を言わずに1枚ずつ発表し，結果を黒板に書いていく。
　④ 多数派に入れた人にはポイントを与え，ポイント数を競う。

● **トレーニングのポイント**
　＊はじめは，どちらが多数派になりやすいかが予測しやすい問題をつくることで，他の人の意見に意識を向けやすくする。
　　例　・サッカーを習っている子どもが多い→「広い公園で遊ぶなら，野球 or サッカー？」
　　　　・電車好きな子どもが多い→「遠くに出かけるなら，電車 or 車？」
　　　　・ゲーム好きな子どもが多い→「誕生日に買ってもらうなら，ゲーム or おもちゃ？」
　＊振り返りでは，自分の本当の回答は少数派のほうだったけれど，多数派に入ることができた子どもに，どうしてそう考えたかを聞いて共有する。

● **ひとくちメモ**
　＊それぞれの子どもがどういう考えをもっているのかを子ども同士で知り合うために，このエクササイズを実施してもよい。

 休み時間

# 手が出てしまう

## 子どもの様子と支援のポイント

　これは学級の中で最も対処に困る問題でしょう。ただ，こうした課題をもっている子の中で「手が出る」ことをよいことだと思っている子は，まずいません。よくないことだとわかっていても，「つい」出てしまって後悔するというような繰り返しになっている場合が圧倒的に多いのです。そうした子に，たんにその結果を責めても建設的なことは起きにくいのです。指導者側は「危険信号の察知」と「出口の豊富さ」をめざす指導をします。どの場面，自分の考え方・気持ちが危険信号なのかと，手を出す以外にどんな対処行動があるかを結び付けられるように導きたいのです。

### ユニバーサル・アクティビティ 「フレンドリーレシピ」

**ねらい** ＊けんかにならずに済んだ解決法を，学級で共有する。

**流れ**
① これまで友達とのけんかを回避できたときの解決法を出し合い，クラスの「フレンドリーレシピ」をつくる。
② 帰りの会等で，その日のトラブルで必要だったものを「レシピ」からチョイスし，記録する。
③ 学期単位で，使用回数の多いものを確認したり，新たに付け加えたほうがよいレシピをつくったりするなどして，クラス全体の問題解決レパートリーを増やす。

**ポイント** ＊学年最後に，最初のレシピと比較して自分たちの成長を確認する。

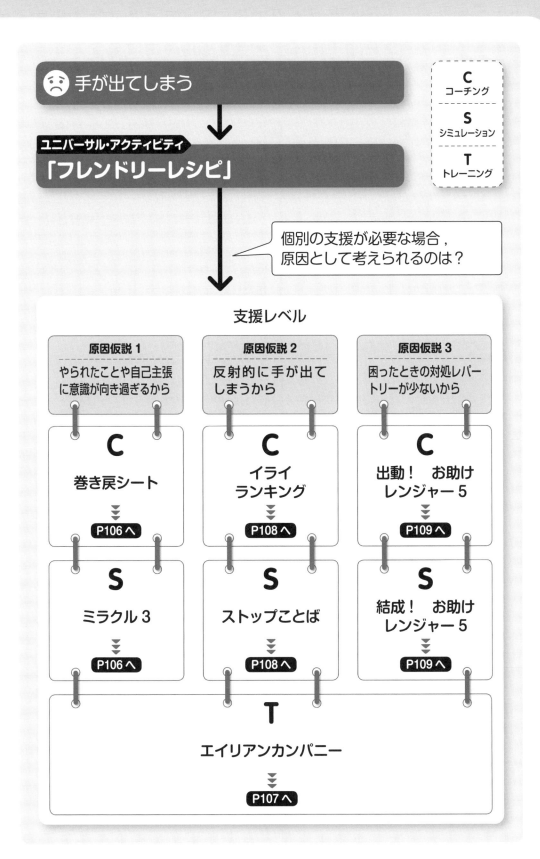

## 原因仮説 1 ▶▶▶ やられたことや自己主張に意識が向き過ぎるから

### C

#### 巻き戻シート

けんか等トラブル後の振り返りで，ワークシートを活用して，起きた出来事をさかのぼって確認し，今後の対応を考えます。

●ねらい
 ＊トラブルになった経緯を整理して振り返る。
 ＊同じような状況になったときの対応を考える。

●準備物
 ＊振り返り用ワークシート「巻き戻シート」

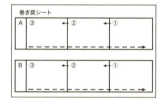

●コーチングの流れ
 ① 関係する当事者を呼び，話を聞く。
 ② まずAの言い分を，A用のタイムラインの右側のマスから，1マスに一つの出来事ずつ書いていく。
  例 ①「Bくんが悪口を言ってきた」→②「ぼくは何もしていない」→③「鬼ごっこをやっていた」
 ③ 次にBの言い分を，B用のタイムラインの右側のマスから，同様に書く。
  例 ①「Aくんがたたいてきた」→②「Aくんがルールを守らなかった」→③「鬼ごっこをやっていた」
 ④ 記入された「巻き戻シート」を見ながら，トラブルの全体の流れをとらえさせる。
 ⑤ 自分に改めることがあれば，相手に伝えさせる。

●コーチングのポイント
 ＊両者の言い分の整合性を明らかにする。

### S

#### ミラクル3

トラブルが起きたときに，自分のことを主張するだけではなく，さまざまな対応ができることをめざします。

●ねらい
 ＊トラブルが起きたときの対応を学ぶ。

●準備物
 ＊4コマイラスト（けんかの場面）

●シミュレーションの流れ
 ① 以下の4コマ漫画を見せる。
  1コマ目……BくんがAくんをたたく。
  2コマ目……AくんとBくんがけんか。
  3コマ目……空白
  4コマ目……AくんとBくんが落ち着いた様子で仲直りしている。
 ② 3コマ目でAくんがどのようなミラクル対応をしたか，子どもに予想させる。
  例 「『もうやめよう』と言う」「『おれも悪かったよ』と言う」「先生のところへ助けを求める」「その場を離れる」
 ③ 自分の主張を変えてミラクル対応ができるためにはどんなことをしたらいいか，できるかを考える。

●シミュレーションのポイント
 ＊前述のユニバーサル・アクティビティ「フレンドリーレシピ」などを参考にして，レシピに書かれているような対応をするには，どう自分の気持ちを整理するか考える。

●ひとくちメモ
 ＊「たたく」「悪口を言う」などの対応が出てきた場合には，「自分も悪いことになってしまうアイデアは損だよね」と提案する。

| C | S | T |
|---|---|---|
| コーチング | シミュレーション | トレーニング |

## T

# エイリアンカンパニー

手を出さずにモンスター役の相手を仲間にしていくゲームです。ゲームを通して，適切な対処行動を身につけていくことがねらいです。

●ねらい
＊対処行動を知る，使う。

●準備物
＊エイリアン風のお面（数種類）

●トレーニングの流れ
① はじめにゲーム説明を行う。
　1　エイリアンが出てくるので，子どもチームの旗を取られないようにする。
　2　エイリアンはたたいたり蹴ったりして倒すのではなく，仲間にする。
　3　すべてのエイリアンを仲間にできれば，子どもチームの勝ち。
② 攻撃を避けながら，仲良くするためのワードを三つ（例「友達になろう」「いっしょに遊ぼう」「仲良くしたいんだけど」）言うと，エイリアンが仲間になる。エイリアンは巻物を持っていて，巻物には次に出てくるエイリアンの特徴が書かれている（例「寂しがり。本当はいっしょに遊びたい」「怖がり。友達になりたいけれど声をかけられない」）。それに合わせた声かけを考え，エイリアンを仲間にしていく。声かけは1人ずつ行い，適切な声かけのときには動きを止める。
③ エイリアン役の指導者は，武器などを振り回しながら，ゆっくりと子どもたちのほうへ進む。適切な声かけが3回できたら，お面を取って仲間になる。

●トレーニングのポイント
＊友達と仲良くするための言葉について，事前に学習する。子どもたちが考えたものを発表してもよいし，指導者が考えた一覧を見せて，どんなときにどの声かけをするかを考えてもよい。
＊「アドリブで即時にエイリアンの心に響く言葉が言えたら，ボーナス得点をもらえる」という発展も楽しめる。
＊振り返りとして，仲良くなる声かけをしてみてどうだったか，また指導者も声かけをされてみてどうだったかを発表する。

●ひとくちメモ
＊参加する子どもたちの実情に合わせて，言葉かけやエイリアンの特徴を変更する。

**原因仮説 2** ▶▶▶ **反射的に手が出てしまうから**

## C

### イライランキング

自分のイライラしてしまう状態を予測し，言葉にまとめて整理します。そしてその対処法も，併せて段階的に整理します。

●ねらい
　＊気持ちがイライラしてくると，どのような状態になるか整理する。
　＊クールダウンに有効な方法を整理する。
　＊状況に合わせ，気持ちを落ち着かせる。

●準備物
　＊振り返り用「イライランキングシート」

●コーチングの流れ
　① 子どもに，イライラしてくるときのことを思い出させ，言葉で表現させる。
　　例 「息が荒くなる」「相手の声が聞こえなくなる」「頭がズキズキしてくる」「心臓がドキドキしてくる」等
　② それが「イライラの予兆」であることを意識させる。
　③ クールダウンの方法を考えさせる。
　④ 使えそうな順に整理し，ランキングでまとめる。
　　例 「深呼吸をする」「その場を離れる」「『イライラしてきた』と誰かに言う」「先生に言う」「クールダウンの場所に行く」「目をつぶって耳をふさぐ」等

## S

### ストップことば

イライラしたときに手を出さないように，自分の行動を抑えるセルフトーク（つぶやき）を身につけます。

●ねらい
　＊イライラした行動を抑えるセルフトークを身につける。

●準備物
　＊イラスト

●シミュレーションの流れ
　① AくんがBくんにからかわれているシーンを見せる。
　② このような場面で，Aくんが手を出してしまったら，Aくんのほうが悪くなってしまうことを確認する。
　③ このような場面でイライラを抑えるための「ストップことば」を一緒に考える。
　　※「ストップことば」は同じフレーズを何度も繰り返して，自分に言い聞かせるもの。「忍法しのぎの術」など，子どもが興味をもちそうなネーミングに変えるのもよい。
　　例 「無視，無視」「相手にしな～い」「悪口を言う人のほうがダメな人」「ぼく，悪くない」「後で先生に言おう」

●シミュレーションのポイント
　＊相手にしないで「自分が楽しいこと」「やりたいこと」をつぶやくなど，子どもの実態に沿うようにする。
　　例 「後でドッジボールをしよう」

●ひとくちメモ
　＊つぶやきながら，その場を離れる練習も入れてみる。

## 原因仮説 3 ▶▶▶ 困ったときの対処レパートリーが少ないから

### C

#### 出動！ お助けレンジャー5

学級生活での対処に困る場面において，用意しておいた対処法の中から，子ども自身が選択して運用できるようにします。

- ねらい
  * 場面に応じた対処法を運用し，問題解決を図る。
- 準備物
  * 特になし
- コーチングの流れ
  ① 対象となる子どもが対処に困る場面に遭遇したら，まずリラックスさせる。
  ② 現在の状況を，子どもの言葉で説明させる。
  例：T「どうしたの？」
  　　C「忘れ物をしました」
  　　T「お助けレンジャー，何号？」
  　　C「お助けレンジャー1号。『友達に助けを求める』，友達に借ります！」
  　　「コンパスを貸してください」
- コーチングの流れ
  * 対象となる子どもが対処法を覚え，すぐに引き出せるようにしておく。
  * 次のシミュレーション「結成！ お助けレンジャー5」と組み合わせて行う。
- ひとくちメモ
  * 衝動性の高い子どもの場合は，「その場から離れる」等を上位項目にして，手を出さずに済んだ経験を積み重ねるようにする。
  * 「お助けレンジャー」以外に，「お困りお守り」「お助け忍法○○の術」等，子どもにとって親しみやすい名称や設定を工夫する。

### S

#### 結成！ お助けレンジャー5

対応がわからず困っている場面で，さまざまな対応方法を身につけることによって，困ることを減らしていきます。

- ねらい
  * 対応に困る場面を整理する。
  * 対応方法のレパートリーを増やす。
- 準備物
  * 特になし（必要に応じて，紙と鉛筆）
- シミュレーションの流れ
  ① 学級生活において，これまでで困った場面をできる限り思い出させる。
  ② 出てきた場面から対応を考えさせ，五つ程度にまとめる。
  例 「先生に報告する」「友達に助けを求める」「グッとこらえて我慢する」「その場から離れる」「何がいやか相手に伝える」等
  ③ 使いそうなものから順に，1号，2号と名前をつける。
  例：
  ・お助けレンジャー1号……「友達に助けを求める」
  ・お助けレンジャー2号……「グッとこらえて我慢する」
- シミュレーションのポイント
  * 対応を考えさせる場面では，教師が具体的な例をあげるとよい。
- ひとくちメモ
  * 実際に決めた対応方法を練習する機会をつくっておくとよい。

# 休み時間

# 友達に声をかけられない

## 子どもの様子と支援のポイント

　友達に声をかけることを（大人が思うよりずっと）高いハードルだと感じている子は少なくありません。どういう言葉を使えばいいかを頭ではわかっていても，それを実際にやる段になると，声かけの知識（「何を」：What）だけでなく，声かけの仕方（「どう」：How）が問題になってくるからです。つまり，言葉（バーバル）の使い方だけでなく，言葉以外の部分（ノンバーバル）でのコミュニケーションの仕方について学ぶ機会が必要になるのです。今まで気づいていなかった声かけの仕方のポイントをつかんで，自分のものにする練習の機会をつくってあげたいです。

### ユニバーサル・アクティビティ 「声かけフラッシュ～ウェルカムサイン編～」

**ねらい** ＊場面に応じて，友達と適切なかかわりができる。

**流れ**
① 学級の中で「使ってほしい言葉」のフラッシュカードを作る。
② フラッシュカードに合わせて，声をかける側のサインをテンポよく言わせる。
　例　Tが見せるカード「遊びに入りたかったら？」C「入れて」「いっしょに遊ぼう」「入っていい？」等

③ 同じように，声をかけられる側のサインを言わせる。
　例　Tが見せるカード「遊びに入りたそうな人がいたら？」C「入る？」「いっしょに遊ぼう」「こっち来なよ」等

**ポイント** ＊学級に「使いたい言葉の木」の絵を貼り，「葉」に言葉を茂らせる。

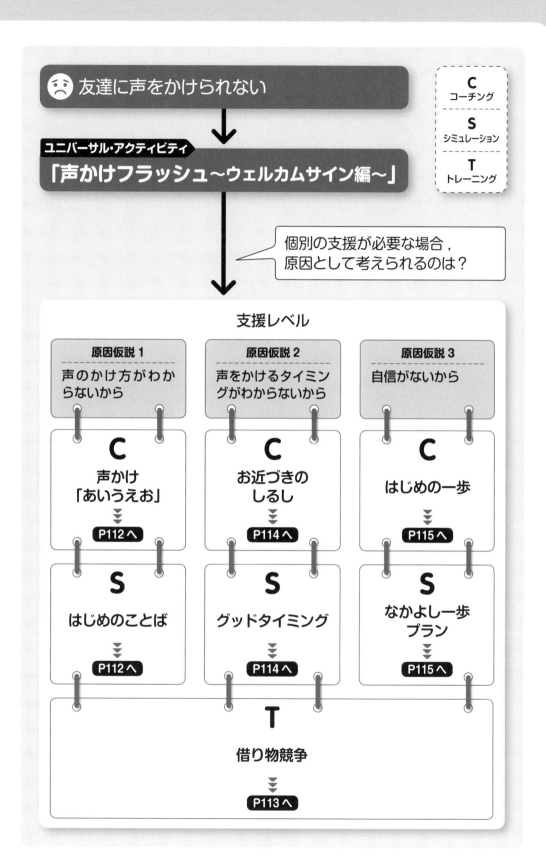

## 原因仮説 1 ▶▶▶ 声のかけ方がわからないから

### C

#### 声かけ「あいうえお」

> キーワードでまとめて簡単な声のかけ方を想起しやすくすることで，実際のかかわりの場面で円滑なコミュニケーションを促します。

● ねらい
　＊かかわりの要点を思い出す。
　＊自分から友達にかかわる。

● 準備物
　＊特になし

● コーチングの流れ
　① 声のかけ方を確認する。
　　例　声かけ「あいうえお」
　　　・あ……あかるく
　　　・い……いいこえで
　　　・う……うれしそうに
　　　・え……えがおで
　　　・お……おおきなこえで
　② 復唱させ覚えさせる。
　③ 声をかける場面になったら，これを思い出し，確認してから実行するように伝える。

● コーチングのポイント
　＊低学年の場合は，標語として学級内に大きく掲示してもよい。

● ひとくちメモ
　＊声をかけるのが苦手な子への声かけの仕方を周りの子に伝える。
　　例　声かけ「さしすせそ」
　　　・さ……さりげなく
　　　・し……しずかに
　　　・す……すっきりと
　　　・せ……せかさず
　　　・そ……そっと

### S

#### はじめのことば

> さまざまな声のかけ方を学び，ロールプレイングの練習を通して，上手に声をかけられるようにします。

● ねらい
　＊声のかけ方のレパートリーを広げる。
　＊声かけの仕方を体験してみる。

● 準備物
　＊イラスト（声をかける場面）

● シミュレーションの流れ
　① 休み時間にAくんがBくんを遊びに誘おうと声をかけているイラストを見せる。声をかけるときはどのようにするとよいか，せりふを考えてみる。
　　例：
　　　・「ねぇねぇ」と言う。
　　　・「○○くん」と名前を呼ぶ。
　　　・「おはよう」と挨拶して声をかける。
　　　・「いま何しているの？」と声をかける。
　② 声のかけ方を一つ選ばせる。実際に教師とロールプレイングで声のかけ方を練習する。最初に，教師が悪い例（声が小さい，距離が遠すぎる，相手を見ていない）を見せ，子どもに悪い点を指摘させる。それから，子どもが声をかけるロールプレイングに取り組む。

● シミュレーションのポイント
　＊前述のコーチング「声かけ『あいうえお』」を心がけて行うことを促す。

● ひとくちメモ
　＊「止まっている人へ」「動いている人へ」「大勢に向けて」など，さまざまな設定でのロールプレイングに挑戦する。

C コーチング / S シミュレーション / T トレーニング

## T

## 借り物競争

ゲームの中で，他者に声をかける経験を積んでいきます。いろいろなパターンで行うことで，いくつかのねらいを達成することができます。

● ねらい
＊他者に声をかける。
＊声をかけるタイミングを知る。
＊断られても，他の人に声をかける。

● 準備物
＊借り物に使うもの

● トレーニングの流れ
＊一対一の対戦形式で借り物競争を行う。スタートラインからスタートし，くじを引いて，書かれたものを他の人から借りて，先にゴールしたほうの勝ち。

● トレーニングのポイント
＊借りるときは「～を持っていますか」「～を貸してください」と声をかけること。貸してもらったときには「ありがとう」と言うことを，あらかじめ教示しておく。
＊貸す人は指導者のみにし（2～3人），適切な声のかけ方（距離感や声の大きさなど）でないと反応しないようにする。適切な声のかけ方については，あらかじめ教示しておく（5段階中3ぐらいの声の大きさの声，腕を伸ばしてもぶつからないぐらいの距離など）。
＊声をかけることに自信がない子どもには，貸す側の指導者は子どもが声をかけやすい状態で待つようにする。

● ひとくちメモ
＊声をかけるタイミングを学べるよう，以下のようなアレンジを加えてもよい。どの場合でも，あらかじめ適切な声のかけ方について教示しておく。
　A　何か作業をしている人に声をかける際には，「ちょっといいですか？」などと聞いて，相手が気づいてから声をかける。
　B　数人で遊んでいる場合には，「ねえねえ」と声をかけて，振り向いてから声をかける。
＊慣れたら，普段は指導の場にいない人にも入ってもらって，声かけに臨場感をもたせる。

## 原因仮説 2 ▶▶▶ 声をかけるタイミングがわからないから

### C
#### お近づきのしるし

友達に声をかけるタイミングをつかむための練習をします。声かけのためのきっかけを設定し，うまくできたら印を付けていきます。

- ●ねらい
  - ＊設定した声かけのきっかけを確認する。
- ●準備物
  - ＊記録用紙
- ●コーチングの流れ
  - ① 相手に声をかけるためのきっかけを，対象となる子どもといっしょに考え，設定する。
    例　お近づきのしるし「まみむめも」
    - ・ま……相手のまえに行く
    - ・み……相手のみみに聞こえる声で言う
    - ・む……むしをしないで会釈する
    - ・め……相手のめを見る
    - ・も……もっと近づく
  - ② できたことを記録用紙にチェックする。
  - ③ 1週間，1か月等，期間を決めて，記録用紙を見ながら全体の振り返りをする。
  - ④ できるようになったこと，新たな課題等をふまえて，きっかけや目標を修正する。
  - ⑤ 期間を決めて，同様に練習する。
- ●コーチングのポイント
  - ＊声をかける前に，整えておかなければならない条件を整理させる。
  - ＊練習対象を特定の友達にする場合は，事前にそのことをその子どもに伝え，協力してもらう。
- ●ひとくちメモ
  - ＊小さな行動を自信に変える意味でも，できた結果を記録してフィードバックできるようにする。

### S
#### グッドタイミング

どのようなタイミングで声をかけるとよいか，ロールプレイングでの練習を通じてつかんでいきます。

- ●ねらい
  - ＊声をかけるタイミングをつかむ。
- ●準備物
  - ＊特になし
- ●シミュレーションの流れ
  - ① 以下のロールプレイングに取り組み，直したほうがよい点を指摘させる。
    【ロールプレイング】
    場面……前のほうから歩いてくる子どもに「おはよう」と声をかける。
    役……声をかける人，前から歩いてくる人。教師が「声をかける人」役になり，子どもには「前から歩いてくる人」役をさせる。
    内容……教師が声をかけるが，挨拶のタイミングが不十分になっている（距離が遠い，直前で声をかけている，相手の顔を見ないで声をかけている，相手が気づいていないのに声をかけている）。
  - ② 直したほうがよい点を子どもがあげることができたら，今度は子どもが挨拶する役となり，挨拶のタイミングを練習する。
- ●シミュレーションのポイント
  - ＊前述のコーチング「お近づきのしるし」を心がけて行うことを促す。
- ●ひとくちメモ
  - ＊「朝」以外にも，「休み時間」「帰り」などシチュエーションを変えて行う。

## 原因仮説 3 ▶▶▶ 自信がないから

### C
### はじめの一歩

コミュニケーションに自信のない子どもに，ちょっとした人とのかかわりを意識し体験させることで，行動の変容を促します。

● ねらい
＊かかわろうとした気持ちや行動に気づく。
＊小さなことでも行動に移す。

● 準備物
＊特になし

● コーチングの流れ
① 対象となる子どもと他の友達とのコミュニケーションにおいて，できることとできないことは何か確認する。
② できることに注目し，少しずつできることを増やしていくことを確認する。
③ 友達と仲良くなるための「はじめの一歩」は何か，具体的にあげさせる。
　例 「挨拶をする」「話しかける」「手伝ってあげる」「いっしょに遊ぶ」
④ かかわりたい相手を決める。
⑤ 一日の学校生活の中で行動させる。
⑥ 帰りの会が終わった後，個別の振り返りをして，できたことや，やろうとした気持ちを褒める。

● コーチングのポイント
＊実際に行動に移せなくても，やろうとした気持ちにも着目させ，それも認めていく。
＊かかわりたいと思われた友達には，事前にそのことを伝え，協力してもらう。

● ひとくちメモ
＊実態に応じて，かかわりたい相手を特定せず，多くの人と簡単なかかわりをもつことを目標にしてもよい。

### S
### なかよし一歩プラン

具体的にどのような場面で声をかけるとよいかについて考えます。

● ねらい
＊具体的に声をかける計画を立てる。

● 準備物
＊イラスト

● シミュレーションの流れ
① 以下の表を完成させ，友達に声をかける「なかよし一歩プラン」を立てる。

| 1：いつ |
| 例：朝，休み時間，下校中 |
| 2：どこで |
| 例：教室，校庭，廊下 |
| 3：誰に |
| 例：○○さん |
| 4：なんて言う |
| 例：「おはよう」と言う。「（遊びに）入れて」と言う。「これやろう」と誘う。 |

② 完成した計画を見て，いつ実行するか日にちを決める。

● シミュレーションのポイント
＊本人が声をかけることで仲がよくなりそうなクラスメイトがいないか，事前に確認しておくとよい。

● ひとくちメモ
＊不安が高い場合には「あいさつチャレンジ」（P028）に取り組んでもよい。

## 休み時間

# 遊びの中でルールを守らない

### 😊 子どもの様子と支援のポイント

　遊びの中でルールが守れないことは，友人とのトラブルや集団行動を乱す原因になり，学校での集団生活の中では，特に問題視されるでしょう。また，ルールを守らない子といっしょに遊びたい子は一人もいませんから，その子は，けっきょく遊びに入っていくチャンスを失っていくことになります。遊ぶ機会が減れば，ルールに接したり守ったりするチャンスも減り，ますますルールを守る力が育たなくなるという悪循環にはまっていきます。ルールの理解不足，ルール遵守意識の希薄さ，勝ち負けへの意識過剰などに考慮しながら，まずはルールを守れる機会をつくることが必要です。

---

### ユニバーサル・アクティビティ 「遊びのルールリーダー」

**ねらい** ＊子ども同士のトラブルを，できるだけ自分たちで解決する。

**流れ**
① それぞれ遊びを始める前に，「ルールリーダー」を決める。
② 「ルールリーダー」は，事前にルールの確認をしたり，審判の役割をしたりする。
③ 困ったことが起きたら，「ルールリーダー」は教師を呼ぶ。

**ポイント** ＊ルールを守れない子どもにあえてリーダーをさせる等，役割を固定化せず交代で取り組ませるようにする。

---

### 😊 実践の声

> クラス遊びを決める役割の班を「リーダー班」と名づけたところ，子どもたちは納得してリーダーたちの話を聞くようになりました。リーダーを中心としたやりとりの中で，意見をすり合わせたり我慢したりする経験を重ね，子どもたちでルールをつくって遊んでいます。

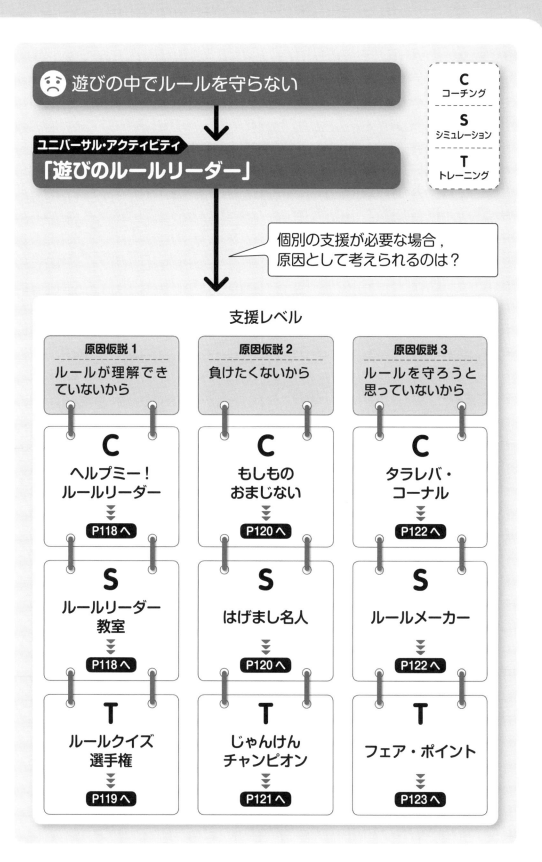

## 原因仮説 1 ▶▶▶ ルールが理解できていないから

### C
#### ヘルプミー！ルールリーダー

遊びの中でルールがわからなくなったとき，ルールを教えてくれる役割の友達に聞くことで，ルールを確認します。

- ●ねらい
  - ＊ルールがわからなくなったら，係の友達に聞いて確認をする。
  - ＊友達と仲良く最後まで遊ぶ。
- ●準備物
  - ＊特になし
- ●コーチングの流れ
  - ① それぞれ遊びを始める前に，遊びのルール確認や審判の役割のある「ルールリーダー」を決めることを，学級全体で確認する。
  - ② 対象となる子どもには，遊びを始める前に誰が「ルールリーダー」なのか確認するようにさせる。
  - ③ 遊び始めて，ルールがわからなくなったら，「ルールリーダー」のそばに行き，「ヘルプミー！」と言うようにする。
- ●コーチングのポイント
  - ＊体育の授業の中で，試合の審判を互いにするような感覚で行う。
  - ＊選出の仕方も，なるべく互選で交代してできるようにする。
  - ＊「ルールリーダー」には，困ったことが起きたら教師を呼ぶように伝える。
- ●ひとくちメモ
  - ＊腕章や名札等を着けて，「ルールリーダー」を一目で見分けられるようにしてもよい。
  - ＊対象となる子どもに「ルールリーダー」を仕向けることで，ルール理解の促進を図ることもできる。

### S
#### ルールリーダー教室

自分でルールを説明する体験を通じて，ルールが理解できるように取り組みます。

- ●ねらい
  - ＊ルールを人に伝える。
- ●準備物
  - ＊特になし
- ●シミュレーションの流れ
  - ① これからクラスで取り組もうとしているゲームやスポーツなどについての説明を練習させる。
  - ② 説明が上手にできない場合は，ポイントを明示してルール説明の骨格をつくる。
  例 「参加人数は○○で」「チームは○○のようにつくって」「○○を使います」「勝ち負けは○○で決めます」「やってはいけないことは○○です」
  - ③ 説明の練習ができたら，実際にクラス全体に行う。
- ●シミュレーションのポイント
  - ＊具体物があったほうが説明しやすい場合は，人形やマグネットなどを用意する。
- ●ひとくちメモ
  - ＊ルール説明ができるようになったら，「こんなときどうする？」とトラブル対応シミュレーションにも取り組む。前述のユニバーサル・アクティビティ「遊びのルールリーダー」の要領で，「ルールリーダー」をやってみる機会をつくる。
  - ＊トラブルの例……「ルールを守らない人がいる」「いつものルールと違うと言われた」

| C | S | T |
|---|---|---|
| コーチング | シミュレーション | トレーニング |

## T

## ルールクイズ選手権

> ルールを守らない子どもの中には，ルールがわかっていない子どもや，ルールに意識が向かない子どもなど，さまざまいます。まずはルールを確認することが必要です。

● **ねらい**
　＊ルールを理解する，確認する。

● **準備物**
　＊解答札（「○」「×」など）

● **トレーニングの流れ**
　① 子どもたちがよく行う遊びを一つ取り上げ，その遊びのルールに関するクイズを出す。
　② ○×方式や3択方式などで解答していく。1問正解につき1ポイントで得点を競う。

　　例1：ドッジボール
　　　・「ボールを持ったまま線を越えてしまったら相手ボールになる」→○
　　　・「顔に当たったらアウトである」→×
　　　・「元外野は，内野が何人になったら中に入れる？」→①0人　②1人　③3人
　　　・「内野の人は，当たったらどこに行く？」→①やめる　②外野へ行く　③相手チームに入る

　　例2：鬼ごっこ
　　　・「鬼にタッチされたら，その人が次の鬼になる？」→○
　　　・「鬼にタッチされたとき，鬼になりたくなかったら鬼は交代しない？」→×
　　　・「逃げられるエリアは？」→①校庭のみ　②校庭と校舎　③自分がいいと思ったら，どこでもいい

　③ このエクササイズを行った後に，実際にその遊びを行う。
　④ ③では，ルールクイズ選手権でルールチャンピオンになった人がその遊びの「ルールリーダー」をしてみる。

● **トレーニングのポイント**
　＊よく見かけるルール違反をクイズに入れるようにする。
　＊実際の遊びの際，エクササイズで提示したルールを守れたときに即時フィードバックするか，守れた回数をポイント制にして後で発表するなどして，定着を図る。

● **ひとくちメモ**
　＊言葉だけではイメージがもちづらい子どもがいる場合には，イラストや映像などを使うか，その場で実際に指導者がモデルを見せるなどする。

## 原因仮説 2 ▶▶▶ 負けたくないから

### C

#### もしものおまじない

事前に負けたときのことを想定し、「負けてしまったら○○する」と口に出して言うことで、負けた後の気持ちの整理をしやすくします。

●ねらい
 *負けたときのことを想定して備える。
 *ルールを守って最後まで遊ぶ。
●準備物
 *特になし（必要に応じて、紙と鉛筆）
●コーチングの流れ
 ① 対象となる子どもを呼び、その子どもの負けたくないという気持ちを引き出し、受け止める。
 ② 次に、もしも負けてしまったとき、どのようにしたら気持ちが収まるか、いくつか意見を聞く。
 ③ その中で、今日一番効き目がありそうなものを一つ選ばせる。
 ④ 遊びを始める前に、それをおまじないとして「もしも負けたら○○する」と自分で唱えてから遊ぶようにさせる。
●コーチングのポイント
 *突然、対処に難しい場面に出くわさないように、見通しをもたせる意味で行う。
 *子どもの気持ちへの共感も大切である。
●ひとくちメモ
 *文字にして視覚的に確認したほうが効果的な場合、③で選んだものを紙に書かせてもよい。

### S

#### はげまし名人

負けて悔しがっている人を励ますという設定の中で、どうすると気持ちが落ち着くかについて考え、自分のものにします。

●ねらい
 *悔しいときの気持ちの立て直し方を考える。
●準備物
 *イラスト
●シミュレーションの流れ
 ① 2枚のイラストを見せる。
  ・1枚目……Aくんがサッカーで得点を決めて、5対4でリードして喜んでいる。
  ・2枚目……その後、Aくんが6対7で逆転されて負けた。
 ② Aくんにどんなアドバイスをすると元気になるか、子どもといっしょに考える。
 例：
  ・6点も取れたことがすごいと励ます。
  ・Aくんが活躍していたことを伝える。
  ・Aくんは他にもいいところがあるから大丈夫だよ、と励ます。
  ・次に向けてがんばろうと伝える。
  ・真剣に取り組んでいたことを伝える。
 ③ 自分がこういう場面なら、どのように声をかけてもらえるとよいか、もらいたいかを考える。
●シミュレーションのポイント
 *「負けて悔しいのでルールを守らない」という方向が最も非建設的であるということを、タイミングを見て伝える。
●ひとくちメモ
 *「他の人へのアドバイス」という設定での距離感を最大に生かして、冷静な判断ができるようにする。

| C | S | T |
|コーチング|シミュレーション|トレーニング|

## T

# じゃんけんチャンピオン

仲間意識をもってじゃんけんを行い，他の子と結果を共有することで，勝っても負けても楽しめるようにするエクササイズです。

●**ねらい**
 *勝ちだけでなく，負けもよいものとして経験する。
 *勝ち負けを共有する。

●**準備物**
 *特になし（必要であれば，得点表）

●**トレーニングの流れ**
 ① ペアをつくってじゃんけんをする。勝った人は「勝ち価値チーム」，負けた人は「負け価値チーム」に分かれる。
 ② それぞれのチーム全員でじゃんけんをして，代表者を1人決める。「勝ち価値チーム」は勝った人，「負け価値チーム」は一番負けた人が代表者になる。
 ③ 代表者は，同時にじゃんけんマスター（指導者）とじゃんけんをする。その際，「勝ち価値チーム」は「勝ったら勝ち」，「負け価値チーム」は「負けたら勝ち」になる。代表者が勝ったら，そのチームの子ども全員に1ポイント入る。何度か行って総ポイント数を競う。
 ④ シャッフルして数回行い，「負けが勝ち（価値）」をどの子も体験するようにする。

●**トレーニングのポイント**
 *代表者への応援を促し，チームのみんなで仲間意識をもつことで負けたときの悔しさを紛らわせるようにする。
 *ポイント数を競うと争いが生じやすくなってしまう場合には，ポイント数をつけないで行う。

●**ひとくちメモ**
 *「負けるが勝ち」のじゃんけん列車（じゃんけんして勝った人が負けた人の後ろにつく）でも，同じように勝ち負けを共有して楽しめるエクササイズになる。

## 原因仮説 3 ▶▶▶ ルールを守ろうと思っていないから

### C

#### タラレバ・コーナル

そもそもルールを守ろうと思っていない子どもに対し，ルールを守って遊ぶことのメリットを，場面を仮定しながら考えさせます。

●ねらい
　＊ルールを守ることの意義を確認する。
●準備物
　＊特になし（必要に応じて，紙と鉛筆）
●コーチングの流れ
　① 対象となる子どもに「タラレバカード」を引かせ，そのカードの問いに対して起きそうなことを「コーナルカード」に書かせる。
　　例：
　　・タラレバ「ルールを守って遊んだら，どんないいことがあるかな？」
　　　→コーナル「みんなから注意されない」
　　・タラレバ「イライラしないでいれば，どんないいことがあるかな？」
　　　→コーナル「友達とケンカしない」等
　　※ルールを守ることが苦手な子に対しては，ルールを守って遊ぶことで得られることを「タラレバカード」にする。
　② 「コーナルカード」に書いたことが実際に起きたら（起こしたら），その数だけスコアになる。
　③ 実現したものは「コーナルスコア」としてカウントし，目標を達成できたら自分にご褒美を与える。
●コーチングのポイント
　＊「ルールを守ってみる」ということに自然にチャレンジする状況をつくる。
●ひとくちメモ
　＊見通しをもって行動を起こすということの練習にもする。

### S

#### ルールメーカー

「ルールがない形で遊ぶ」「ルールがある形で遊ぶ」という二つの体験を通して，ルールの大切さに気づくことを促します。

●ねらい
　＊ルールを守る大切さを理解する。
●準備物
　＊ボール，トランプなど
●シミュレーションの流れ
　① 最初に，当たってもアウトにならない，真ん中の線もない（ルールのない）ドッジボールを子どもと行う。
　② 子どもとルールをつくる相談をする。「何回当たったらアウト」「どこに当たったらセーフ」「陣地はどこまで」等を相談して決める。
　③ ②で決めたルールで遊ぶ。
　④ 遊んだ後に，つくったルールのどんなところがよかったかを話し合う。
　　例 「ドキドキが増えて楽しくなる」「勝てるとうれしさが増える」「やりがいがもっと出た」
　⑤ ルールの大切さについて確認する。
　　例 「守らないと楽しくない」「あったほうが安全」
●シミュレーションのポイント
　＊子どもが自分ばかりに有利なルール設定をする場合でも，「ルールがないとつまらない」ということに気づくようにもっていく。
●ひとくちメモ
　＊「教師と一つずつ出し合ってルールをつくる」「じゃんけんでルールを設定して楽しむ」など，自分のつくったもの以外も受け入れられるようにしていく。

| C | S | T |
|---|---|---|
| コーチング | シミュレーション | トレーニング |

## T

## フェア・ポイント

ルールを守れていることをその場でフィードバックすることによって，ルールへの意識をもてるようにします。

●ねらい
　＊ルールを意識して遊ぶ。

●準備物
　＊行うゲームに応じて準備する。

●トレーニングの流れ
　※何でもよいので，一つ簡単ゲームを選ぶ。
　※例：だるまさんがころんだ
　① 指導者が「だるまさんがころんだ」のルール説明をする。ルールの中から絶対に守ってほしいものをピックアップして二〜三つを選び，紙に書くなどして伝える。
　　・「だるまさんがころんだ」を言い終わったときに止まる。
　　・鬼に「動いた」と言われた人は，鬼に捕まる。
　② ゲーム中，ピックアップしたルールを守れた際に，即時フィードバックする。フィードバックの仕方は，直接声かけする，○×の札を見せるなどの方法を採る。1回守れたごとに1ポイントを与える。
　③ 何度かゲームを行い，ゲームで勝った人には5ポイント与える。終了後，ルールを守れたポイントも加算して，最終的な勝敗を決める。

●トレーニングのポイント
　＊ゲームは，ルールが明快で誰でもできる簡単なものを選ぶ。
　＊終了後には，勝敗とは別に，それぞれがどれくらいルールを守れていたかをフィードバックする（ポイント表を作る際には，ルールを守って得たポイントと，勝って得たポイントが見てわかるようにしておく）。
　＊ルールを守ったポイントを「フェア・ポイント」などとネーミングして，他のすべてのゲームに適用するなどして，ルールを守る意識を定着させることもできる。

●ひとくちメモ
　＊子ども同士のペアをつくって，1人はゲームを行い，もう1人はルールを守れているかどうかの監視員になるようにすると，ルールを守れているかどうかを客観的に見る機会にもなる。
　＊フィードバックの方法は，対象となる子どもが注目しやすいものにする（視覚的な情報のほうがよい場合は○×の札など。聴覚的な情報のほうがよい場合には「ピンポーン」「ブッブー」などと鳴るおもちゃなど）。

 給食

# 給食時のマナーが守れない

## 子どもの様子と支援のポイント

　しっかり習慣化するレベルまで身につけさせておきたいことの一つに「食事のマナー」があります。いかなる年齢でも，いかなるときでも，食事のマナーはその人自身の評価に直結するからです。マナーが悪いと，目に見えない損をし続けることになります。子どもの頃からの体験の蓄積で，自然にマナーを守れるようにしておきたいです。マナーを守ることを面倒だと感じる子には，マナーを意識し続けることが楽しくなる設定が必要です。また，一度でうまくいかなくても，何度でもトライできる，したくなるような配慮や工夫をすることで，反復的に練習できるようにしたいです。

### ユニバーサル・アクティビティ　「くす玉チャレンジ〜給食マナー編〜」

**ねらい**　＊マナーを守って，最後まで給食を食べる。

**流れ**
① 小さめのくす玉（市販のものでよい）を用意する。
② マナーを守れた人が多い班が，くす玉を引くことができる。

**ポイント**
＊給食場面以外でも，理科の実験編，教室移動編等，さまざまな場面で活用することができる。
＊くす玉の中に，うまくやるコツなど教師からのメッセージも入れると，伝えたいことを全体が自然に注目するセッティングになる。
＊くす玉の中にシールを入れると，ポイント制での継続も可能。

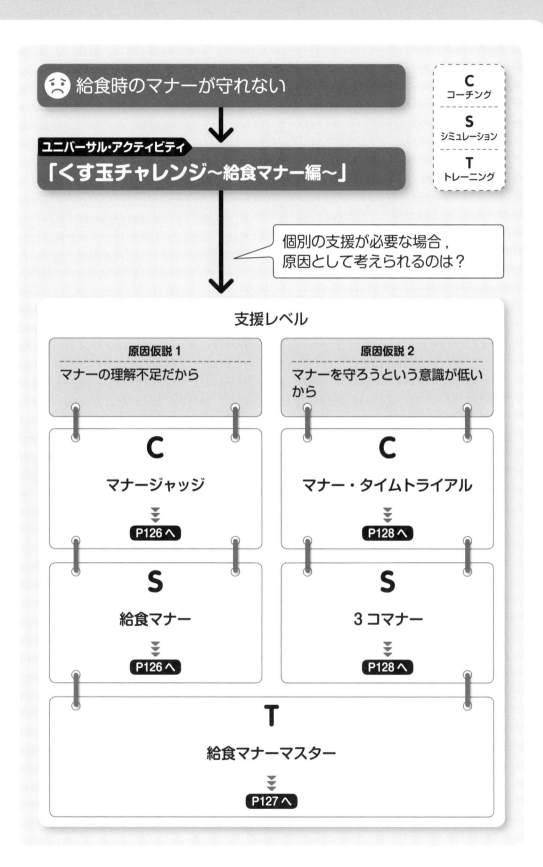

# 原因仮説 1 ▶▶▶ マナーの理解不足だから

## C

### マナージャッジ

マナーの良し悪しがまだ理解できていない子どもに対し，マナーを説明し，子ども自身の行動をフィードバックします。

- ●ねらい
  - ＊マナーに対する理解を深める。
- ●準備物
  - ＊マナーカード
  - ＊「ピンポンブー」

- ●コーチングの流れ
  ① 対象となる子どもと教師が，それぞれ「ピンポンブー」を持つ。
  ② マナーカードを引き，そこに書かれている内容がよいと思ったら「ピンポン」を，よくないと思ったら「ブー」の音を2人で同時に出す。
  ③ 同時に同じ音が出たら，ポイントゲット。同じ音が出なかったことは「なぜ」を質問して理解させ，記録しておく。
  ④ 記録したことが日常でできたら，遅れてポイントゲットできる。
- ●コーチングのポイント
  ＊子どもがどの程度，マナーについての認識があるか確認しながら行う。
- ●ひとくちメモ
  ＊道具で遊んでしまう場合には，「グッドカード」「バッドカード」の同時提示などでもよい。

## S

### 給食マナー

どのような行動がマナー違反なのか，マナー違反があった場合にはどうしたらよいか，クイズ形式で理解することに取り組みます。

- ●ねらい
  ＊給食のマナーを理解する。
  ＊マナーを守れなかったときの対応を学ぶ。
- ●準備物
  ＊特になし
- ●シミュレーションの流れ
  ① 教師から給食マナーに関する○×クイズを出す。3問クイズを出したら，今度は子どもにクイズを考えさせる。
     例 「『いただきます』」を言わないで食べる」「口に食べ物を入れながら話す」「落とした食べ物を拾って食べる」「お茶碗を持たないで食べる」「多くの食べ物を残す」
  ② 基本的なマナーの理解が確認できたところで，マナーを守れなかったときの対応クイズを教師と子どもで交代に出す。
     例：
     ・「多くの食べ物を残す」
       →あらかじめ先生と相談する。
     ・「落とした食べ物を拾う」
       →お盆に載せる。ティッシュでくるむ。
- ●シミュレーションのポイント
  ＊マナー違反であることがわからない場合には，正解カードを引いて「なぜ」かを考える。
- ●ひとくちメモ
  ＊②の段階のクイズで，解答を「よい」「大変よい」と2段階で評価するようにアレンジしてもよい。

| C | S | T |
|---|---|---|
| コーチング | シミュレーション | トレーニング |

## T

## 給食マナーマスター

クイズを出し，実際にマナーを意識して行動してもらいます。

●ねらい
　＊給食中のマナーを学ぶ。
●準備物
　＊問題を書く紙
●トレーニングの流れ
　① 給食中のマナーに関する○×クイズを4時間目の終了後に1問出題し，「解答チャレンジタイム」を行う。その場では解答を全体でシェアせず，正解を個々にシートに書いておく。
　　例：
　　・「給食中は自由に席を立ってもいい」→×
　　・「食べているときは口を閉じる」→○
　　・「食べ終わったら，好きなところで遊んでいい」→×
　　・「できるだけ食器がぶつかる音を出さないようにする」→○
　② 給食の時間中，問題を書いた紙を黒板に提示している間は「解答マスタータイム」として，クイズの正解に反する行動を取らないようにしてもらう。
　③ 給食終了時に，解答内容が合っているか，自分が正答と考えたことと同じことができたかを突き合わせて，同時にできた場合には「マスターポイント」ゲットとする。
　④ できなかったものは次の日の給食時にもチャレンジでき，解答と行動ともにクリアすれば，その内容についてもマスターポイントが与えられる。
　⑤ 期間内に，決められたマスター項目をすべてクリアする。
●トレーニングのポイント
　＊クイズ内容は，どういう行動を取るべきかがわかりやすいように設定する。
　＊クイズの正解を伝える際，その理由についてわかった人に発表してもらい，全員で共有しておくとよい。
　＊その日の給食のメニューで気をつけることがあれば，それを問題内容にする。
●ひとくちメモ
　＊全マスター項目をクリアしたら，クラスのお楽しみをするなど，モチベーションを高めてもよい。

## 原因仮説 2 ▶▶▶ マナーを守ろうという意識が低いから

### C

#### マナー・タイムトライアル

マナーを守って給食を食べるのが難しい子どもに対し，時間を視覚的に示すことで，一定時間，マナーを意識できるようにします。

- ●ねらい
  - ＊一定時間，マナーを守って給食を食べる。
- ●準備物
  - ＊砂時計
- ●コーチングの流れ
  ① 対象となる子どもと相談し，どのマナーに関してどのくらいの時間取り組むかを決める。
  ② 時間を決めたら，砂時計を渡し，設定した時間にするための操作の確認をする。
     例　着席して食べる時間を6分間と設定した場合，3分の砂時計を2回分。
  ③ 目標として設定した時間は，マナーを意識して食べることを確認する。
  ④ 目標時間をクリアしたら，休憩してもよいと伝える。
  ⑤ 再度，取り組ませる。
  ⑥ これを繰り返し，マナーを意識して食べる時間を延ばしていく。
- ●コーチングのポイント
  ＊徐々に延ばした時間は終了時間まで達することを目標にして，完成したらしっかりそれをフィードバックする。
- ●ひとくちメモ
  ＊子どもの実態に応じて，時間を量に置き換える等，わかりやすくがんばれるように提示する。
  〔参考〕タイムタイマー

### S

#### 3コマナー

マナーを守らないと，結果的に本人のイメージが悪くなってしまうことを理解します。

- ●ねらい
  ＊マナーを守る大切さを理解する。
- ●準備物
  ＊いす
- ●シミュレーションの流れ
  ① 以下の3コマ漫画を見せる
    ・1コマ目……みんなで給食を食べている。
    ・2コマ目……Aくんがつばを飛ばしながら夢中でおしゃべりをしている。話を聞いている子はびっくりしたり，いやな顔をしたりしている。
    ・3コマ目……他の子たちが，給食を食べながら何かを考えている場面（考えている内容は空白になっている）。
  ② 他の子が何を考えているか，子どもに考えさせる。
     例　「汚いなぁ」「いやだな〜」
  ③ 給食中にマナーが悪いと，他の子がいやな気持ちになり，その本人のイメージもマイナスになってしまうことを確認する。
- ●シミュレーションのポイント
  ＊このシミュレーションをきっかけに，給食時の他のマナーについても，守れていないときに周りの人がどのように考えているかを，個々に関して考えてみる。
- ●ひとくちメモ
  ＊対象の子どもの実際のマナー状況に応じて，マナーを考えるきっかけになる漫画内容を設定する。

| C<br>コーチング | S<br>シミュレーション | T<br>トレーニング |

# T

## 給食マナーマスター

（P127 を参照）

 掃除

# 掃除をしない

## 子どもの様子と支援のポイント

掃除をしない子には「怠けている」「協力ができない」「ずるい」などネガティブなレッテルが張られがちになります。しかし，本当にそうなのかはしっかり吟味したいです。そもそも，掃除の手順がわからないままになっていることもあります。また，もともと，注意力に課題がある子にとっては，清掃活動は単調である上に，決められた手順どおりにいかない妨害要素があふれていますので，さまざまな形で注意持続を妨げられることになります。大人でも，長時間にわたって清掃をすることが苦手な方は多いでしょう。手順を構造化し，成果を実感できるような配慮が必要です。

### ユニバーサル・アクティビティ 「ピカピカ☆おそうじスター」

**ねらい** ＊友達と協力して，最後まで掃除をする。

**流れ**
① 班の数に分割した「ピカピカ☆おそうじスター」を用意する。
② 掃除が終わったら，班長に掃除の様子を報告させ，よい班には分割された「ピカピカ☆おそうじスター」を渡す。
③ 全部の班が掃除をがんばれば，今日の「おそうじスター」が完成する。

**ポイント** ＊毎日の「スター」を教室に掲示したり，帰りの会で発表したりしながら振り返りを行い，掃除への意識を高める。

## 実践の声

担任がいないと遊んでしまう傾向がなくなり，掃除にワクワク感をつくることができました。「そうじスター」のそばに「めあて」を掲示し，終了後に班ごとの振り返りをするようにしたら，お互いによいことや悪いことなどを言い合える場になるという効果もありました。

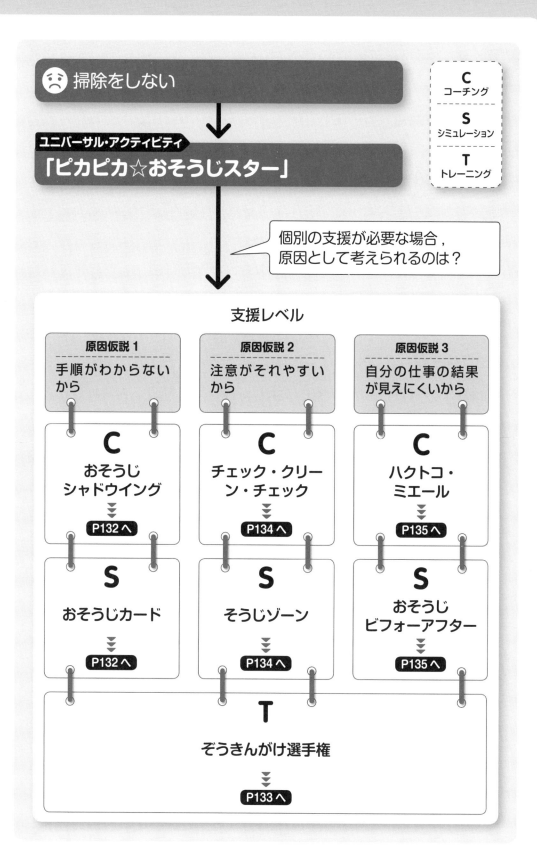

## 原因仮説 1 ▸▸▸ 手順がわからないから

### C

#### おそうじシャドウイング

手順がわからないためにうまく掃除ができない子どもに対し，お手本となる友達の動きを徹底的に真似しながら掃除をします。

●ねらい
＊決められた時間，掃除をする。

●準備物
＊特になし

●コーチングの流れ
① 事前に教師が，対象となる子ども（A）と同じ掃除の班の中で，お手本となりうる子どもを数名選んでおく。
② Aに対し，お手本にしたい友達（B）を選ばせる。
③ Aに対し，掃除の時間中は最初から最後までBの動きを真似して掃除をすることを確認する。
④ Bを呼び，Aのお手本になる承諾を得る。
⑤ 実際の掃除場面では，Bの動きを真似て掃除をさせる。
⑥ どのくらい上手にできたかをBに採点してもらい，合格すれば「そうじマスター」となる。Aを合格させることができた場合，Bは「そうじトップモデル」の称号がもらえる。

●コーチングのポイント
＊お手本の子どもが，対象の子どもにとって憧れの気持ちがある子だと，さらによい。
＊慣れてきたら，お手本の対象を変えていく。

●ひとくちメモ
＊教師が採点するなどして，「マスター」「トップモデル」の客観性を上げることもできる。

### S

#### おそうじカード

そうじのカードを並び替えて，どのような順番で掃除に取り組むか，理解を促します。

●ねらい
＊掃除の手順を理解する。

●準備物
＊おそうじカード

●シミュレーションの流れ
① 教室の掃除をするとき，どのような手順で掃除をするか，子どもに「おそうじカード」を渡して順番に並ばせる。
・おそうじカード……「ぞうきんがけ」「机を前に動かす」「机を後ろに動かす」「机を並べる」「ほうきではく」「ゴミを集める」「ゴミを捨てる」
② 子どもがカードを手順どおりに並べられない場合には，教師がわざとカードを間違えて並べ，どこが間違えているか，その理由（「机を動かさなかったら，ほうきがかけづらい」など）を言わせる。順番が理解できたところで，最後にもう一度，子どもに正しい順番に並ばせ，なぜこのような順序にしたか説明をさせる。
③ 並び替えたカードを1枚のシートに貼って「おそうじシート」を作り，それをもとに実際の掃除を見る，参加する，役割をこなすなどの行動につなげる。

●シミュレーションのポイント
＊教室での掃除ができたら，廊下，昇降口など，別の場所のカードに取り組む。

●ひとくちメモ
＊別の場所の「シート」を蓄積して，「おそうじブック」を作ってもよい。

| C | S | T |
|---|---|---|
| コーチング | シミュレーション | トレーニング |

## T

## ぞうきんがけ選手権

与えられたエリアをぞうきんがけしてもらいます。ほうきがけに変えたり，用意するものを変えたりすることで，ねらいを変えることもできます。

●ねらい
　＊掃除に取り組めるようになる。
●準備物
　＊ぞうきん（人数分）
　＊バケツ
　＊ゴミ（紙を丸めたりして作る）
　＊落とし物（ガチャガチャのカプセルなどを使用する）
●トレーニングの流れ
　① チームに分かれて，教室の半分ずつなど，掃除するエリアを決める（各エリアには，わかりやすくゴミと落とし物を散らしておく）。
　② 1往復ずつで交代して，ぞうきんがけをしていく。終了した時間を競う。
　③ 終了後，審判役の指導者はゴミが落ちていないかチェックする。ゴミが落ちていた場合は5秒加算する。また，落とし物のカプセルの中身を確認し，計算する。カプセルの中身は秒数をプラスする場合(例「ぞうきんがけの途中で友達とぶつかった。＋5秒」)と，マイナスする場合(例「新しいぞうきんできれいになった。－3秒」)を入れておく。カプセルを開けるかどうかはチーム内で決める。
●トレーニングのポイント
　＊「どこを」「どのように」ぞうきんがけするかがわかりにくければ，通り道にテープなどを貼って線を引いておく。
●ひとくちメモ
　＊ほうきがけバージョンで行ってもよい。
　＊机やいすなどをエリア内に置き，それらを整理してから掃除するという形式にすることで，手順を考えながら取り組むエクササイズにもできる。その際は，チーム内の作戦会議で手順を考えてから取り組むようにする。必要であれば，手順例を提示する。
　＊時間を競う部分が危険を伴わないようにする配慮は必要。

## 原因仮説 2 ▶▶▶ 注意がそれやすいから

### C
### チェック・クリーン・チェック

注意がそれやすい子どもに対し，一つひとつの作業を細かくし，次の作業を確認していくことで，最後まで掃除ができるようにします。

●ねらい
＊自分の工程を確認しながら掃除をする。
＊決められた時間内は掃除をする。

●準備物
＊「クリーンチェックシート」……掃除の工程が表によって示され，子どもが自分でチェックできるような枠があるもの。

| クリーンチェックシート | | | | |
|---|---|---|---|---|
| | ① | ② | ③ | ④ |
| 作業内容 | ほうきで掃く | 机・椅子を運ぶ | ゴミを捨てる | 机・椅子を戻す |
| チェック | Very good! | Very good! | | |

●コーチングの流れ
① 「クリーンチェックシート」を作る。
② 対象となる子どもを呼び，この表を使って掃除をすることを確認する。
③ このシートをチェックしやすい場所に置かせ，一つひとつの工程が終わるたびにチェックさせる。
④ すべての工程を終えたら，教師にチェックシートを見せ，振り返りをさせる。

●コーチングのポイント
＊子どもの実態に合わせて工程を分ける。

●ひとくちメモ
＊ユニバーサル・アクティビティ「ピカピカ☆おそうじスター」のように，教師に報告し，分割カードを集めて図を完成させていく形態もよい。

### S
### そうじゾーン

注意がそれやすい子どもに，掃除する場所を視覚的に示し，徐々に視覚刺激を減らすことで掃除ができるようにします。

●ねらい
＊掃除する場所を理解する。

●準備物
＊テープ
＊必要に応じて，シュレッダーなどの紙くず

●シミュレーションの流れ
① シュレーダーゴミなどを散りばめ，ほうきがけをさせてみて，採点する。
② 次に，テープの目印を参考にする方法で，方向や範囲のサポートを受けながらほうきがけをする。最後の地点まで到着したら，子どもといっしょにほうきがけをした場所まで戻り，きれいになっていることを確認する。
③ 徐々にテープを貼る長さを短くしたり，なくしたりしながら，最終的にはスタートとゴールだけを示せばできるようにする。

●シミュレーションのポイント
＊掃除をする前に，自分が掃除する場所を歩かせて意識を高めるのもよい。
＊ゲーム性を高めるために，そうじの結果の出来具合で採点したり，テープ等のサポートが少なかったり，なしでできたりしたらポイントアップするなどの方式を取り入れる。

●ひとくちメモ
＊ぞうきんがけについても同じ手順で取り組む。

## 原因仮説 3 ▶▶▶ 自分の仕事の結果が見えにくいから

### C

#### ハクトコ・ミエール

シュレッダー等で裁断された細かい紙片を掃除場所に撒くことで，掃き掃除の結果をわかりやすくし，最後まで掃除をさせます。

●ねらい
＊掃くべきゴミを意識しながらほうきで掃く。
＊最後まで掃除をする。

●準備物
＊シュレッダー等で裁断した紙片
＊掃いてゴミを集めるマーク（ミニコーン等）

●コーチングの流れ
① シュレッダー等で裁断した細かい紙片を用意する。
② 掃き掃除を始める前に，教師が床に紙片を撒く。
③ 掃いたゴミを集める場所をコーン等で示し，そこに集めるように指示する。
④ コーンからなるべく遠い場所のゴミから掃いていくようにさせる。

●コーチングのポイント
＊掃除の時間と掃除場所の広さを計算して，紙片を撒く量を調整する。
＊時間短縮するには，ゴミを集めるマークを同時に複数設定する。

●ひとくちメモ
＊慣れてきたら，撒く紙片の量を減らし，本来教室にある細かいゴミに注目させていく。
＊どこをはいたかがわかるようにするために，タイルや板の目などを利用して，はいた場所に印を置いていくなど「ハイタトコ・ミエール」という形にも取り組ませると，さらに上手になる。

### S

#### おそうじビフォーアフター

ほうきやぞうきんがけをしても，そこがきれいになっていることが理解しにくい子どもに，掃除をした後の変化を体験させます。

●ねらい
＊掃除をすることできれいになることを確認する。

●準備物
＊ほうき，ぞうきん，机や板など
＊デジタルカメラ

●シミュレーションの流れ
① そうじが必要な床や机などを子どもに見せる。まず写真を撮り，抵抗がないなら指で触らせる。「散らかり（よごれ）度チェック」による採点をする。
② ほうきがけやぞうきんがけをさせる。
③ 終わったら写真を撮ったり，実際に触らせたりして変化を確認させる。
④ 掃除後の様子を見て，「片づけ（きれい）度チェック」による採点をする。採点の数字により，ビフォーアフターの数字の「差」がポイントになる。

●シミュレーションのポイント
＊ビフォーアフターの数字の「差」をポイントにすることで，よりいっそう掃除が必要な（散らかり度が高い）場所を探し，取り組むなどの行動につながるとよい。

●ひとくちメモ
＊ビフォーアフターの写真を他者に見せ，褒めてもらったり，驚いてもらったりすることで，より前向きな気持ちになるようにするとよい。

## 帰りの支度・下校

# 連絡帳を書かない

### 子どもの様子と支援のポイント

連絡帳が書けないと，忘れ物や連絡事項の不徹底につながり，教師や保護者にとっても困ることになります。連絡帳を書くことは，ただの「作業」だけでなく，忘れ物をしないようにする意識，集中して書くスピード，読み書きの基礎力，明日以降の学校スケジュールの理解など，トータルな能力と関係しますので，本当の効果が出るには時間がかかるのです。最終的には，連絡帳のもつ本来の役割をしっかり果たすようになることをめざしますが，まずは入口である「作業」部分の「書き写し」「機械的な正確さ」の達成の実感から自信をつけていくのがよいでしょう。

---

**ユニバーサル・アクティビティ** 「連絡帳 BGM」

**ねらい** ＊音楽を頼りに，自分で気づいて連絡帳を書く。

**流れ**
① 連絡帳を書くときに流す BGM を決める。
② 「決めた曲が聞こえたら連絡帳を書く」ということを，事前に子どもと確認する。
③ 連絡帳を書く場面になったら，その曲を流す。

**ポイント** ＊徐々に音量を下げ気味にしたり，最初だけにしたりするなど，BGM に頼る場面を減らし，最終的にはなしでもできるようにする。

---

### 実践の声

特に，普段取りかかりの遅い子が，周りの雰囲気を感じ，その流れに乗り，テンポのよい曲に合わせて楽しそうに取り組むようになりました。曲を何にするかによって，ずいぶん雰囲気が変わることにも気づきました。

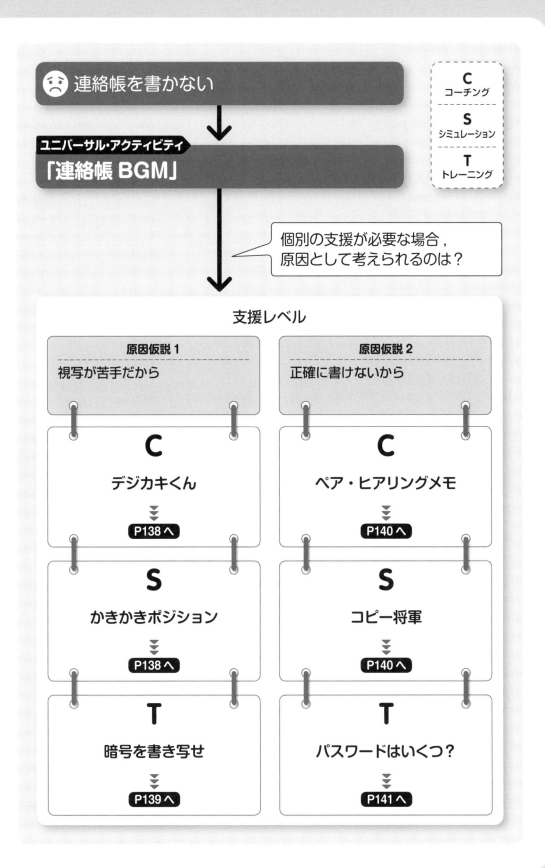

## 原因仮説 1 ▶▶▶ 視写が苦手だから

### C

#### デジカキくん

遠くにある黒板の視写が難しい場合，タブレットやスマートフォン等で撮影した画像を子どもの手元に置いて，それを視写させます。

●ねらい
　＊手元に置いた画像を見ながら連絡帳を書く。
●準備物
　＊デジカメ，タブレット，スマートフォン等
●コーチングの流れ
　① 連絡帳に書き写すべきものを板書する。
　② 板書をタブレット等で撮影する。
　③ 対象となる子どもの机の上に，タブレット等を置く。
　④ タブレット等で撮影したデジタル画像を見ながら，板書を書き写させる。
●コーチングのポイント
　＊撮影した画像は，ピンチアウトなどで簡単に大きくできるとよい。
●ひとくちメモ
　＊「**デジタル画像**を**書き写**す」ので，「デジカキくん」。

### S

#### かきかきポジション

自分が連絡帳を書き写しやすい場所を理解します。

●ねらい
　＊自分が連絡帳を書きやすい場所を理解する。
●準備物
　＊紙
　＊鉛筆
●シミュレーションの流れ
　① 黒板に連絡帳の内容を書く。
　② 黒板に書いてある内容を子どもに読ませ，内容を理解できているか確認する。
　③ 自分にとって連絡帳を書き写しやすい場所を具体的に考える。どこの机，場所なら書きやすいか，どこまで近づく必要があるのか，座席が廊下側，窓側，真ん中など列によって写しやすい場所も変わるか，などを確認する。
　④ 書きやすい場所を担任に伝える。
●シミュレーションのポイント
　＊連絡帳を書く時間に書き写しやすい場所に移るということだけでも，連絡帳を書く意識が高まる。
　＊この結果を日々の席順にも反映させると，教科の学習にとってもよい。
●ひとくちメモ
　＊席を移ることだけでは不十分で，時間もかけなくてはならない場合には，放課後に行うようにする。その場合には，疎外感を感じない配慮が必要。

| C | S | T |
|---|---|---|
| コーチング | シミュレーション | トレーニング |

# T

## 暗号を書き写せ

視写が苦手な子どもの中には，眼球運動のぎこちなさが原因になっている子どもがいます。このエクササイズを通して，眼球運動の練習（ビジョン・トレーニング）をします。

### ●ねらい
＊眼球運動を向上させる。

### ●準備物
＊プリント

### ●トレーニングの流れ
① 制限時間内に，黒板の両端に書かれている数字を書き写す。書き写す際は，図の順番どおりに書き写していく。
② 書き終わった人から暗号が合っているかどうか，指導者に確認してもらう。

### ●トレーニングのポイント
＊子どもたちの視写の様子に応じて，両端の文字の間隔を広げたり，狭めたりして難易度を調整する。
＊黒板では見にくい場合には，白い紙に数字を書いたものを貼るようにする。
＊見て書く作業の困難が強い場合には，手元にある文字カードを並び替える。もしくは，暗号を指導者に口頭で伝えるなどの方法で，書かなくてもいいようにする。
＊黒板だと遠くて見にくい場合には，机の両端に暗号を貼って書く課題など，机上でできるものから取り組む。

### ●ひとくちメモ
＊ゆっくりと目を動かして読んでいく運動が苦手な子どもには，黒板に書いた迷路を目で行う課題や，イラストのようなあみだくじ課題（番号とアルファベットの組み合わせを当てるなど）を行ってもよい。

## 原因仮説 2 ▶▶▶ 正確に書けないから

### C

#### ペア・ヒアリングメモ

一斉指示だと聞き漏らしてしまう子どもへの対応として,隣の友達の言ったことをメモするというシステムで,聞き漏らしを補います。

- ●ねらい
  - ＊言われたことを聞き漏らさずにメモを取る。
  - ＊聞き取りの力を養う。
- ●準備物
  - ＊特になし
- ●コーチングの流れ
  - ① 席の隣同士でペアをつくり,AとBを決める。
  - ② 教師がメモする内容を板書する。
  - ③ まず,Aが隣の人に聞こえる程度の声で板書を読み上げる。
  - ④ Bは板書を見ずに,Aの言うことを聞きながらメモを取る。
  - ⑤ Bが書き終わったら,役割を交代する。
  - ⑥ Bが板書を読み上げる。
  - ⑦ Aは板書を見ずに,Bの言うことを聞きながらメモを取る。
  - ⑧ この流れを繰り返し,互いに確認しながら最後までメモを取る。
- ●コーチングのポイント
  - ＊全体として騒がしくならないように,ペア同士で声の大きさを調整させる。
  - ＊実施には時間がかかるため,時期や状況を見極めるようにする。
- ●ひとくちメモ
  - ＊聴覚の選択的注意力が,一定程度ある子どもが対象になる。

### S

#### コピー将軍

書き漏らしがないか確認するスキルを,段階的に身につけていきます。

- ●ねらい
  - ＊書き漏らしがないか確認するスキルを身につける。
- ●準備物
  - ＊特になし
- ●シミュレーションの流れ
  - ＊下記のように設定した「コピーレベル」の説明をする。コピーレベルに応じて,学級で確認の仕方を変えていく。
    - ・コピーレベル一覧……「見習い(先生に確認してもらう)」→「修行中(隣の人に確認してもらう)」→「剣士(黒板のところに行って,自分で確認する)」→「将軍(自席で確認する)」
    - ・ランキングの上がり方の例……「1週間,正確に書くことができたらレベルを上げる」「1週間にミスが2回以上あった場合にはレベルが下がる。ミスが1回の場合にはレベルは変わらない」「レベルが上がらないときは,書き漏らしがないようにする工夫を話し合う」「将軍の段階で1週間正確に書くことができたら,『連絡帳大統領』の称号を授与する」
- ●シミュレーションのポイント
  - ＊女子の場合は興味・関心に合わせてレベルの名前を変更する(魔法使い,アイドル,洋服など)。
- ●ひとくちメモ
  - ＊並行して「書いた内容を声に出しながら確認する」「確認したらチェックを入れる」「一つひとつ確認する」等のスキルに取り組む。

## T

## パスワードはいくつ？

黒板に書かれた内容を正確に写すことを意識して取り組んでもらうゲームです。

●ねらい
　＊正確に書く。
●準備物
　＊書き写すプリント
　＊筆記用具
　＊鉛筆マーク（書く時間であることを示すもの）
●トレーニングの流れ
　① 黒板に5〜6桁の数字を不規則に書く。子どもたちは鉛筆マークが黒板に提示されているときに数字を書き写す。指導者は鉛筆マークを，さっと出したり，隠したりする。
　② 警備員役の指導者が前に1人で立ち，鉛筆マークが掲示されていないときに子どもたちを見張る。マークなしのときに書いていたら，捕まってしまう。
　③ 数字をすべて書けたら，すべての数字をたして，出た答えがパスワードになる。パスワードを指導者に見せ，合っていたら1ポイントもらえる。「ポイント数を競う」「全員で○○ポイント集めたら，子どもたちの勝ち」などの方法で行う。
●トレーニングのポイント
　＊はじめは書く量を少なくして行う。遠くのものを見て書く作業が苦手な場合には，用紙を机上に置き，ベルを用意して「1回音が鳴ったら書く」「2回音が鳴ったら止まる」などのルールにする。
　＊正確に書き写すことが目的なので，計算には計算機を使ってもよい。
●ひとくちメモ
　＊書く量を増減することで，難易度を調整する。
　＊鉛筆マークの合図は，日常でも板書を写す時間をわかりやすくするために使ってもよい。

## 帰りの支度・下校

# 寄り道をする

### 子どもの様子と支援のポイント

　下校時には，どんな子どもでも寄り道をしたくなることがあります。それでも，寄り道をしない子は，寄り道にはどんな危険や問題が潜んでいるのかがわかっているのでしょう。こうしたことが意外にも理解できていない子も少なくありません。わかっていないと判断される子には，丁寧な説明が求められます。また，特に発達障害のある子が「時間感覚の弱さ」から時間の経過を感覚でとらえられなかったり，区切りを明確にしたりすることができず，寄り道をしやすくなっていることがあります。時間感覚の弱さを補う道具使用も含めた工夫も必要になります。

#### ユニバーサル・アクティビティ 「ヨリミチ・アテンション」

**ねらい** ＊寄り道をしないで下校する。

**流れ**
① 子どもにアンケートを行い，通学路やその近辺で，過去に寄り道をしてしまった場所，あるいは寄り道をしてしまいそうな場所について書かせ，子どもたちの実情をつかむ。

② アンケートの意見の中から，寄り道の原因となるポイント（「公園がある」「お店がある」「友達の家がある」等）をいくつかにまとめて，子どもたちに提示する。
③ そのポイントについて話し合い，学級における「ヨリミチ・アテンション」（寄り道の注意度）の高低を決める。
④ 「ヨリミチ・アテンション」を自分の通学路と照らし合わせて，寄り道してしまいそうな場所はないかを考えさせる。

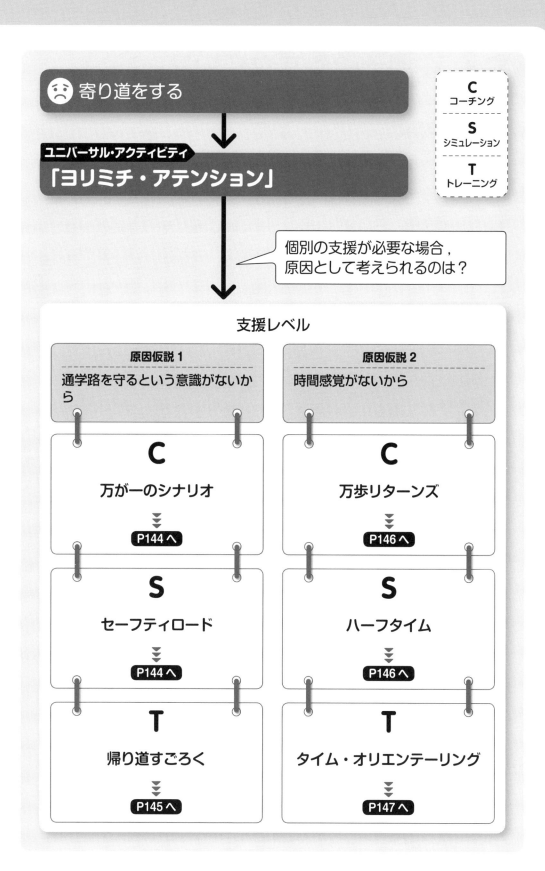

## 原因仮説 1 ▶▶▶ 通学路を守るという意識がないから

### C

#### 万が一のシナリオ

守ろうという意識がないということは，最悪の事態を想定していないと考えられます。万が一の場合を考えさせて意識を変えます。

●ねらい
＊通学路を守ろうという気持ちになる。

●準備物
＊「万が一のシナリオシート」……さまざまな状況を想定しつつ，万が一の状況をリアルにイメージするためのワークシート

●コーチングの流れ
① 対象となる子どもを呼び，どうして通学路を守らないのかを聞く。
② 「万が一のシナリオシート」を使い，順を追いながら最悪の場面を考えさせ，記入させる。
③ 導き出された結果を見て，どう思うか言わせる。
④ 通学路を守ることのメリットとつなげて説明し，通学路を守って登校することを約束させる。

●コーチングのポイント
＊子どもがなかなか思い浮かばない場合は，教師がリードしてイメージを具体化させる。

●ひとくちメモ
＊先のことをイメージする力の弱さを補う意味で行う。

### S

#### セーフティロード

どのような道を通学路にするか考えさせることで，通学路を守る理由について理解を促していきます。

●ねらい
＊安全な通学路について理解を促す。

●準備物
＊紙
＊鉛筆

●シミュレーションの流れ
① 子どもに「こういう通学路は安全」「こういう通学路は安全ではない」それぞれ，どのような通学路が思いつくか，できる限り考えさせる。
・安全な通学路……「車通りが少ない」「スクールゾーンがある」「歩道が狭くない」「信号を渡るときに見守る大人がいる」
・安全でない通学路……「車や自転車がたくさん通る」「狭い道が長く続く」「ガードレールがない」
② 今の通学路にはどんな安全ポイントがあるか確認し，今使っている通学路は安全であることを確認する。

●シミュレーションのポイント
＊実際の通学路の写真などを提示しながら，安全面がどのように確保されているか確認することもできる。

●ひとくちメモ
＊通学路になっていても危険が潜んでいることが予測される場所があれば，併せて確認する。

C コーチング　S シミュレーション　T トレーニング

# T

## 帰り道すごろく

帰り道をイメージしたすごろくを作り，子どもたちに取り組んでもらいます。

●ねらい
　＊寄り道をしないで帰るのがよいというイメージを形成する。
●準備物
　＊「スタート＝学校」「ゴール＝家」の設定で作成したすごろく
　　＋マスの例：
　　　・友達と遊びたかったが，家に帰って宿題をしてから遊ぶことにした。次回はサイコロを2つ振る。
　　　・お菓子屋さんに寄りたかったが，我慢した。1マス進む。
　　　・時計を見て早目に帰った。3マス進む。　など
　　－マスの例：
　　　・家に帰らず，友達の家に遊びに行った。1回休み。
　　　・コンビニでお菓子を買って食べた。2回休み。
　　　・近所の家の犬と遊ぶ。5マス戻る。　など
●トレーニングの流れ
　① 作成したすごろくを全員で行う。
　② 終了後に振り返りとして，寄り道をすると何がよくないのかを指導者から伝える。もしくは，子どもたちに発表してもらって共有する。
●トレーニングのポイント
　＊イベントのマスは，子どもたちの帰り道の実態に即したものを作るようにする。前述のユニバーサル・アクティビティ「ヨリミチ・アテンション」で整理した内容で作成すると効果的。
　＊解決カードを持ち，－マスに止まったときに解決策を思いつけば，カードを提示して解決策を発表する（例「友達の家に行ったが，電話を借りて自宅に電話してお母さんに伝えた」）。指導者がセーフかアウトかを判断し，セーフだった場合は－マスの内容が免除される。
●ひとくちメモ
　＊2回目を行う際には，子どもたちに－マス（寄り道の内容とその結果）の内容を考えてもらって作成すると，自覚を促すこともできる。

第Ⅱ章　学校でつまずく典型場面21

## 原因仮説 2 ▶▶▶ 時間感覚がないから

### C

#### 万歩リターンズ

時間感覚を補うため，「歩数」に意識を向けます。万歩計を使い，できるだけ少ない歩数で帰ることを目標にします。

- ねらい
  - *気持ちをそらさずに下校する。
- 準備物
  - *万歩計
- コーチングの流れ
  - ① 対象となる子どもに万歩計を渡し，下校にかかる歩数を記録させる。
  - ② その歩数を基準に，下校にかかる歩数をできるだけ少なくすることを目標に取り組ませる。
  - ③ 自己新記録が出るたびに，対象となる子どもの励みになるようなフィードバックを与える。
- コーチングのポイント
  - *モチベーションが下がらないように，実施日，実施期間を工夫する。
- ひとくちメモ
  - *実施にあたり，保護者と連携を図り，許可を得る。
  - *何より，交通安全を第一に配慮する。
  - *前向きに取り組み過ぎて，近道をするなどの行動につながらないように配慮する。

### S

#### ハーフタイム

学校から自宅までの半分の距離のところを確認し，そこへの到着時間から，自分の行動が遅いか早いかを理解させます。

- ねらい
  - *時間感覚の基準となる場所を見つける。
- 準備物
  - *特になし
- シミュレーションの流れ
  - ① 早く帰宅できるとどんなよいことがあるかをイメージさせる（時間を守る動機を高めるため）。
    例 「遊ぶ時間がたくさん」「ゆっくりできる」「宿題が早く片づく」
  - ② 実際に，学校から自宅までの通学路を時間計測しながら歩く。自宅に着いたら学校まで戻り，その帰り道に半分の時間が経過するおおよその地点を定めて，そこを「ハーフタイムエリア」と名づける。
  - ③ 実際の下校で，ハーフタイムエリアに着いた時間を確認させる。それを基準に，自分の行動は遅かったか，ちょうどよかったかを確認する。
- シミュレーションのポイント
  - *時計を持っていない場合は，時計が見えるような場所を「タイムチェックエリア（時間経過のめやす場所）」として設定してもよい。
- ひとくちメモ
  - *遅れていると焦ってしまいそうな子どもの場合には，ハーフタイムに着く時間に幅を設けて，決して慌てなくてよいことを伝える。

| C | S | T |
|---|---|---|
| コーチング | シミュレーション | トレーニング |

## T

# タイム・オリエンテーリング

時間を意識しながらのオリエンテーリングを行います。移動時間を考えて取り組むことが必要になります。

●ねらい
　＊時間感覚をもつ。
●準備物
　＊各ポイントで行うゲーム
　＊オリエンテーリングを行うための地図
　＊報酬（シールなど）
●トレーニングの流れ
　① 3～4人のチームに分かれ，それぞれに下のような内容が書かれた指令書を渡す。

| 10:00 | | 10:10 まで | | 10:20 まで | | 10:30 まで | | 10:45 まで |
|---|---|---|---|---|---|---|---|---|
| スタート | → | 宝探し | → | 玉入れ競争 | → | 暗号ゲーム | → | ゴール |
| 1年2組 | | 音楽室 | | 視聴覚室 | | 2年3組 | | 1年2組 |

　② 書かれている時間までに教室に入れれば，その教室の課題に挑戦できる。ゲームをクリアしたら報酬をもらえ，次の教室へ移動できる。時間があれば何度ゲームに取り組んでもよく，報酬は何度でももらうことができる。
　③ 多くの報酬を集められたチームの勝ち。
●トレーニングのポイント
　＊一つの場所で何回ゲームを行うかが報酬を集める上で重要になる。そのため，もう一度するかどうかは，残り時間を考慮してチーム内で相談するよう教示しておく。
　＊移動では「走るのは禁止」を徹底する。
　＊事前に，各教室間の移動にかかる時間を，実際に歩くなどして調べておく。
●ひとくちメモ
　＊ゴールの時間だけ決めておき，それ以外は自由にしておくと，より見通しが立てづらくなり，難易度が上がる。

## 学級生活のルール

# 人のものを勝手に使う

### 子どもの様子と支援のポイント

学級の中でのトラブルの原因の一つに,「自分のものを勝手に使われた」があります。人のものを勝手に使う子は,注意をしても習慣的に繰り返したりします。学級の中に「人のものを勝手に使うのは悪いこと」「人のものと自分のものの区別をすること」の規範意識を育てることは,たんにトラブル回避の側面だけでなく,今後の遵法意識のベースをつくるために必要です。将来にかかわるテーマととらえて丁寧に取り組みたいです。また,自分が必要なものを持っていないときの「対処法のレパートリー」を広げることで,短絡的な行動を自然に減らしていくことができます。根気強く育てたいです。

### ユニバーサル・アクティビティ 「分別トライアル〜おとなりさん対決編〜」

**ねらい** ＊自分と人の持ち物の区別ができる。

**流れ**
① 座席の隣同士で,消しゴム・色鉛筆・のり等,個数や条件をそろえて,持ち物を机の上に出す。
② 机を合わせ,持ち物を混ぜ合わせて,机の中央に置く。
③ 時間を決め,どちらが速く自分の持ち物を選び出せるかを競う。

**ポイント** ＊同じ班の中で,3人以上で行うこともできる。そのとき,「自分の持ち物に名前を書く」ことの大切さを伝える機会にもできる。

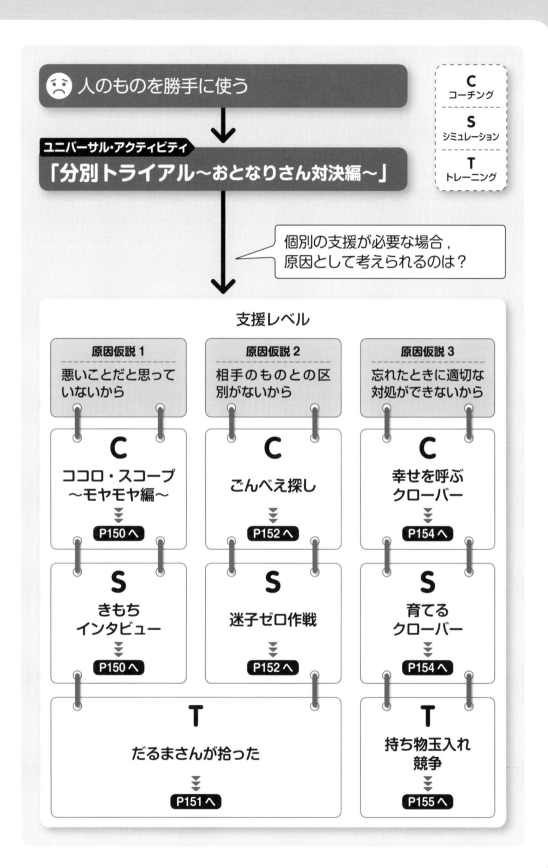

## 原因仮説 1 ▶▶▶ 悪いことだと思っていないから

### C
#### ココロ・スコープ
#### ～モヤモヤ編～

うれしいことや悲しいこと，モヤモヤすること等，教室でのさまざまなことについて，友達はどんな気持ちでいるのかを集約します。

● ねらい
　＊周りの友達の気持ちを知る。
　＊善悪の判断基準をもつ。
● 準備物
　＊「ココロ・スコープ」……学級で起こる出来事に対し，どのくらいの友達がどんな気持ちになっているのかを集計したもの。
　　例　「人のものを勝手に使うのはよいことか？　悪いことか？」→学級全体の中で，よいと答えた人数と悪いと答えた人数を円グラフで示す。
　　　　「自分のものを勝手に使われたとき，どんな気持ちになるか？」→票の多い順に，文章で示す。
　　　　「自分のものを使われるときは，相手にどのようにしてほしいか？」→票の多い順に，文章で示す。
● コーチングの流れ
　① 学級全体に，「ココロ・スコープ」のアンケートを取る。
　② 集計結果を「ココロ・スコープ」にまとめる。
　③ 対象となる子どもに「ココロ・スコープ」を見せ，自分の行動を振り返らせる。
　④ 子どもに改善策を考えさせる。
● コーチングのポイント
　＊周囲の友達の心情から，悪いことであるということに気づかせていく。
● ひとくちメモ
　＊ウキウキ編，ビミョー編も適宜集計する。

### S
#### きもちインタビュー

他人が勝手に自分のものを使うと，どんな気持ちになるか理解することを通じ，悪いことをしている自覚を促します。

● ねらい
　＊勝手に使われた相手の気持ちを理解する。
● 準備物
　＊特になし
● シミュレーションの流れ
　① 自分のものがとられて，勝手に使われていたら，どんな気持ちになるか問う。
　② 他の人たちは，どんな気持ちが湧いてくると思うか問う。
　③ 実際にクラスメイトに「ものを勝手に使われていたら，どんな気持ち？」をインタビューする（難しい場合には，職員室にいる先生や職員へインタビューをする）。
　④ 集まったインタビューの結果を一覧にし，ものを勝手に使うことによるマイナスイメージを理解する。
● シミュレーションのポイント
　＊マンガ形式で，思っていることの吹き出しをつけて視覚的に考えさせることもよい。
　＊気持ちを言葉にすることが難しい場合には，たとえば「怒りたくなる」「違うものまでとられるかもしれないと思う」など選択肢から選ばせてもよい。
● ひとくちメモ
　＊集団への所属意識がある子に対して効果的である。

> C コーチング　S シミュレーション　T トレーニング

# T
## だるまさんが拾った

「だるまさんがころんだ」の要領で，自分のものと他人のものがあることを意識して遊びます。

● **ねらい**
　＊自分のものと相手のものの区別を意識する。

● **準備物**
　＊カラーボール（4～5色）
　＊文房具各種
　＊参加者の鉛筆など，実際の所有物

● **トレーニングの流れ**
　① くじ引きで自分が拾うボールの色を決める。
　② 指導者が「だるまさんが拾った」と言っている間に，部屋の中に散らばったボールの中から自分の色のボールだけを集める。「だるまさんが拾った」と言っていないときに動いてしまった人は，1回休み。一番早く集められた人の勝ち。

● **トレーニングのポイント**
　＊誰がどの色のボールを集めるのかを，顔写真とボールの色をセットにして黒板に示しておく。そうしておくことで，自分以外の人への意識ももてるようにする。
　＊慣れてきたら，文房具など普段よく使うもので同じように実施する。その際は，名前を書いたり，特定のシールを貼ったりして区別をしておき，自分のものだけを集めるようにする，もしくは，事前に自分の集める文房具セットを写真に撮っておいて，それを見ながら集めるなどする。

● **ひとくちメモ**
　＊さらに，さまざまな実際の所有物を使って実施してもよい。

**2** ▶▶▶ 相手のものとの区別がないから

## C
### ごんべえ探し

相手のものと自分のものの区別をするために，自分の持ち物で記名のないもの（名無しのごんべえ）を探して，確実に記名します。

- ●ねらい
  - ＊自分の持ち物に記名する。
- ●準備物
  - ＊特になし
- ●コーチングの流れ
  - ① 対象となる子どもの席に行く。
  - ② 「名無しのごんべえ」（記名されていない持ち物）を探させる。
  - ③ 見つかったものを机の上に置かせる。
  - ④ 子ども自身に記名させる。
  - ⑤ 持ち物をあるべき場所にしまわせる。
  - ⑥ 今回，記名したものは何かを言わせる。
- ●コーチングのポイント
  - ＊消しゴムの本体とカバー，色鉛筆やクレパスの１本１本，靴下等，細かいものまでチェックする。
- ●ひとくちメモ
  - ＊記名だけでなく，丸形の小さいシール（色を決める）を目印として貼ってもよい。
  - ＊席の隣同士で「ごんべえ探し」をして，お互いにチェックさせてもよい。

## S
### 迷子ゼロ作戦

自分の持ち物が相手のものと紛れないために，どういうアイデアが有効か考えることに取り組みます。

- ●ねらい
  - ＊持ち物をなくさないアイデアを考える。
- ●準備物
  - ＊場面カード
  - ＊筆箱など，本人の所有品
- ●シミュレーションの流れ
  - ① 以下の場面カードを見せる。
    - ・場面カード……２人の子どもが一つの鉛筆を「おれのだ」「いや，ぼくのだ」と争っている場面
  - ② このように争わないために，自分の持ち物に何をするとよいか，アイデアを言わせる。
    
    例：
    - ・自分のものには名前をつける。
    - ・間違われたくないものは，学校に持っていかない。
    - ・他に紛れ込まないように，使ったら，すぐに自分の筆箱や袋にしまう。
- ●シミュレーションのポイント
  - ＊何かしらの印を付けていないと，自分と相手との区別がつかないことを理解できるようにする。
- ●ひとくちメモ
  - ＊名前以外にも，すぐに自分のものであるとわかるアイデア（「シールを貼る」「カッターで削る」など）を出したり，教師から紹介したりするなど発展させてもよい。

## T

### だるまさんが拾った

（P151 を参照）

## 原因仮説 3 ▶▶▶ 忘れたときに適切な対処ができないから

### C

#### 幸せを呼ぶクローバー

困ったとき,「自分」「友達」「先生」「家族」をキーワードにして,どこをよりどころに対処したらよいかを考えるためのツールです。

●ねらい
＊適切な対処法を自分で考える。

●準備物
＊「幸せを呼ぶクローバーカード」……四つ葉のクローバーの葉には,「自分」「友達」「先生」「家族」と書かれている。それを見ながら,「自分で解決できるか」「友達に伝えるか」「先生に伝えるか」「家族に相談するか」を考え,対処法を考える。

自分　友達
先生　家族

●コーチングの流れ
① 対象となる子どもに「幸せを呼ぶクローバーカード」を渡す。
② 困ったことがあったらこれを見て,対処の方法を考えさせる。

●コーチングのポイント
＊はじめのうちは,それぞれの項目でどのような対処法があるか,子どもといっしょに考えながら具体例を示す。

●ひとくちメモ
＊先生や友達などへの相談経験が少ない子どもには,まずは体験を確保するよう導く。

### S

#### 育てるクローバー

コーチングで使用した「幸せを呼ぶクローバー」の具体的な内容が思いつかない子どもと,いっしょに対応を考えます。

●ねらい
＊対応のレパートリーを広げる。

●準備物
＊幸せを呼ぶクローバーカード

●シミュレーションの流れ
＊「幸せを呼ぶクローバーカード」を見せて,「自分」「友達」「先生」「家族」ごとに対応を考える。考えた対応は,実際にロールプレイでやり方を確認する。
例:「鉛筆を忘れた」場合
・「自分で解決できる」
　→「色鉛筆で代替する」「ペンで代替する」「普段から,道具箱に鉛筆を1本入れておく」
・「友達に伝える」
　→「隣の友達に『貸して』とお願いする」
・「先生に伝える」
　→「先生に忘れたことを話しに行く」
・「家族に相談する」
　→「持ち物を確認してもらう」

●シミュレーションのポイント
＊大きな「幸せを呼ぶクローバーシート」を作って,適当と思う箇所に対処法シールをたくさん貼るなど,視覚的に把握できるようにする方法もある。

●ひとくちメモ
＊実際に起きた困り事をテーマにして,もっと違った対処方法もあったことなどを整理して,レパートリーの拡大を図ることもできる。

## T

## 持ち物玉入れ競争

自分の持ち物がすべてそろっているか，たりないものがあるときはどうするかを考えます。

●ねらい
　＊持ち物を確認する。
　＊持ち物がないときの対処を学習する。
●準備物
　＊鉛筆，消しゴムなど，普段使う文房具などの名前が書かれたボール（名前はシールなどで貼ってもよい）
●トレーニングの流れ
　①　文房具などの名前が書かれたボールを用意する。
　②　「集めてほしいものリスト」を提示し，制限時間内に自分の持ち物（ボール）をそろえること，たりないものがあったときは時間内なら指導者に言えばもらえること，を教示する。
　③　スタートの合図で持ち物をそろえる。
　④　制限時間が終わったら，2チームに分かれて玉入れ競争をする。
　⑤　玉入れ競争は，指導者が「鉛筆」と言ったら，鉛筆のボールだけが投げられる形式で行い，1回ずつ，他のボールが入っていないか確認する（玉入れ競争の前に，すべての持ち物がそろっているかどうかを確認できるのであれば，スタートの合図で一斉に投げてもよい）。
　⑥　以上の後に，「集めてほしいものリスト」ではなく「行う課題」を提示して，必要なものをそろえる形式にする。
　　　例　画用紙や折り紙を切り貼りし，絵を描いたものを提示して，「これを作るために必要な道具（材料）をそろえる」と教示する。
　⑦　たりない道具（材料）などがあれば，それを指摘できればゲットできるようにして，たりないものは何かに気づかせる。
●トレーニングのポイント
　＊わざとたりないものが生じるようなセッティングにして，「そのときどうするか」を考える機会をつくることもできる。たりないときにどのように行動して持ち物をそろえるかは，それぞれの学級に応じた対処法に合わせる。
●ひとくちメモ
　＊そろえた道具を使って実際に工作（活動）をしてみるなど，自分たちが集めたものが正しいものだったかを考える機会をつくることもできる。

## 学級生活のルール

# 日直や係ができない

### 子どもの様子と支援のポイント

　日直や係の仕事をしっかり行うことは，学級のメンバーとしてのルールです。しかし，小さな頃から「ルール理解」が苦手だった子にとって，これはそれなりに高いハードルになります。しかも，遊びやゲームでの失敗なら許されることも，みんなに迷惑がかかる係の仕事になると，注目度が上がり評価も厳しくなります。失敗は，どうしても「やる気のなさ」に原因をもっていきがちになりますが，その背景に「仕事内容の理解の不十分さ」が隠れていたり，説明内容と実際の行動をうまくつなげてイメージできないことがあったりします。丁寧な説明と実体験の機会をつくりたいです。

### ユニバーサル・アクティビティ 「ミニドキュメンタリービデオ」

**ねらい** ＊積極的に日直や係の仕事をする。

**流れ**
① 学級の中で，日直や係の仕事を特にがんばっている人を選ぶ。
② 選出された係や日直の人のがんばっている場面やがんばり方についてみんなで考え，全体で共有する。
③ ②で考えたことを意識して構成したビデオを，教師が3分程度にまとめる。
④ 学級会，帰りの会等でビデオ上映会をする。

**ポイント**
＊よい場面を静止画で印刷し，学級内に掲示してもよい。
＊動画をCDに記録してプレゼントすると，本人の励みになる。
＊一年間で全員のビデオができる工夫も入れたい。

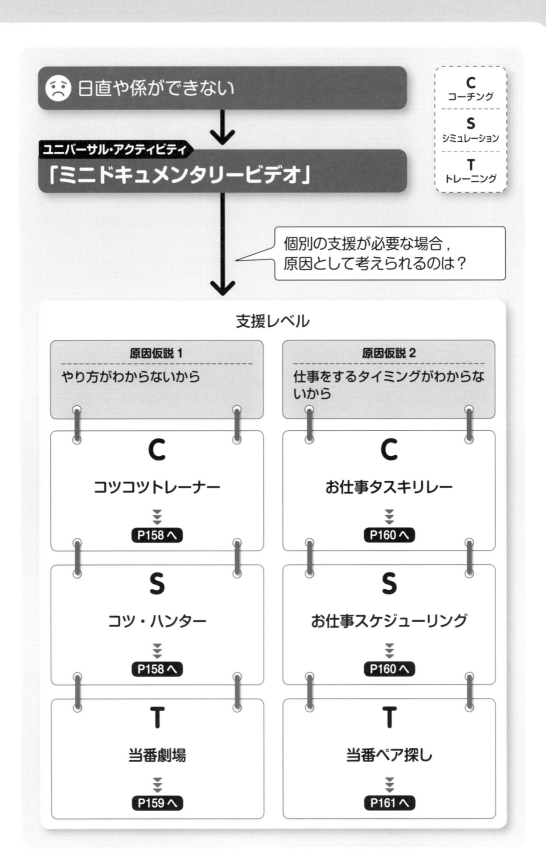

**原因仮説 1** ▶▶▶ やり方がわからないから

## C

### コツコツトレーナー

くわしく知っている友達や地道にがんばっている友達に，仕事のコツやポイントを教えてもらい，仕事の仕方を覚えていきます。

- **ねらい**
  - ＊係の仕事について友達に教えてもらう。
  - ＊教えてもらったことを係の仕事に生かす。
- **準備物**
  - ＊特になし
- **コーチングの流れ**
  - ① 対象となる子ども（A）を呼び，日直や係の仕事について，教師から見て仕事をしっかりしている人の名前も提示して，誰に教えてほしいか聞く。
  - ② あげられた名前の中から，仕事のコツやポイントを教えてもらう「コツコツトレーナー」をAに選ばせる。
  - ③ 「コツコツトレーナー」として指名された子ども（B）を呼びその旨を伝え，了承を得る。
  - ④ 「コツコツトレーナー」としてBにAをレクチャーさせる。
  - ⑤ Bから見て，Aがしっかり仕事ができるようになったと判断したら，修了とする。
- **コーチングのポイント**
  - ＊「教えてほしい」「教えたい」という子ども同士の気持ちがあることが前提となる。
- **ひとくちメモ**
  - ＊一定人数から「コツコツトレーナー」の指定を受けた子どもを「カリスマコツコツトレーナー」と認定し，全体の前でコツを説明させるなどの機会があると，教える側，教えられる側，両者に意義がある。

## S

### コツ・ハンター

日直や係の仕事を実際に見せて，流れやコツを観察学習させながら理解を促していきます。

- **ねらい**
  - ＊日直や係の仕事を理解する。
- **準備物**
  - ＊特になし
- **シミュレーションの流れ**
  - ① 教師が係（日直）の仕事を目の前でやってみせる。教師は取り組むとき，たとえば掃除であれば，「すみずみまできれいに……」などポイントをつぶやく。
  - ② 子どもは，どのような順番で仕事をしていたかなど，流れとそのコツをとらえる。
  - ③ とらえた流れとコツは紙に書いて整理する。
  　例：黒板消し係
  　・すみずみまできれいにする。
  　・黒板だけではなく，黒板消しもきれいにする。
  　・チョークがたりているか確認する。
  - ④ 教師が補いながら，子どもから出された流れとコツのポイントの完成版をつくる。
- **シミュレーションのポイント**
  - ＊最初のうちは②の部分で，理解できる内容を丁寧に話し合ったり，気づきを増やしたり，支援を多めに入れる。
- **ひとくちメモ**
  - ＊教師が取り組んでいることに注目したり，ポイントを把握したりすることができない場合は，教師の真似（シャドウイング）をさせるところから取り組んでもよい。

| C | S | T |
|---|---|---|
| コーチング | シミュレーション | トレーニング |

## T

# 当番劇場

指導者が当番の仕事をしているところを見せて，間違いを指摘するゲームです。

●ねらい
　*当番の仕事を理解する。
●準備物
　*当番を行うのに必要な道具
●トレーニングの流れ
　① テーマとなる当番を一つ決めて，指導者がその当番の役を演じて，仕事をしているところを見せる。
　② 間違った手順，やり方を入れ，子どもたちには間違いがあったら挙手をして間違いを指摘させる。もしくは，メモをして最後にプリントに記入させる。
　③ 正解ごとにポイントを与えて，すべて正解できた人には「○○当番マスター」の称号を与える。すべての当番についてマスターになれた人は，「当番マスター」として表彰する。
　　例：給食当番
　　　・まず，自分の給食を用意する。
　　　・その食べ物が好きな人にはいっぱい盛り，嫌いな人には入れない。
　　　・準備ができた人から食べてもらう。
　　　・残している人には「食べなさい」ときつく指導する。
　　　・食べ終わった後は，自分の食器を片づけて遊びに行く。
　　　※その他，「手を洗っていない」「白衣に着替えていない」等
●トレーニングのポイント
　*間違いについて，なぜそのやり方が間違っているのかについても発表してもらうと，仕事の理由と結び付けて手順ややり方を覚えやすくなる。
　*見ている子どもたちが何をしているところかわからないようであれば，別の指導者が演じている内容を文章などにして示す。
　*実際に見せることが難しい場合には，物語をつくって間違いを指摘する形式にしてもよい。言葉だけだと難しい場合には，イラストを入れて紙芝居にする。
●ひとくちメモ
　*チームをつくり，チーム内で相談した内容を代表の子どもが演じるようにすることで，当番の仕事を深めて考える機会になる。

## 原因仮説 2 ▶▶▶ 仕事をするタイミングがわからないから

### C

#### お仕事タスキリレー

仕事をするタイミングがつかめない子どもに対し，同じ係の友達から仕事をする合図をもらうことで気づかせます。

- ●ねらい
  - ＊活動のタイミングを教えてもらって，自分の係の仕事をする。
- ●準備物
  - ＊「お仕事タスキ」……係の仕事を始めるきっかけを伝えるもの。係ごとに色を決めておく。
- ●コーチングの流れ
  - ① 「お仕事タスキ」を用意する。
  - ② 係の中で仕事の順番を決める。
  - ③ 「次の人が係の仕事を行うタイミングでタスキを渡す」ことを確認する。
  - ④ タスキを渡された人は，自分の係の仕事をする。
- ●コーチングのポイント
  - ＊タスキは，次の人に渡すまで保管する。
- ●ひとくちメモ
  - ＊慣れてきたら，タスキではなく，声やタッチでの合図にする等，支援を徐々に減らしていく（フェーディング）。

### S

#### お仕事スケジューリング

個々の仕事をスケジュール表に配置することで，仕事を行うタイミングについて視覚的に理解を深めます。

- ●ねらい
  - ＊仕事のタイミングを理解する。
- ●準備物
  - ＊一日のスケジュール表
  - ＊学級の係（仕事）カード
- ●シミュレーションの流れ
  - ① 一日のスケジュール（おおざっぱな流れ）を書いた大きめの表を用意する。
  - ② 学級のすべての係や仕事を書いたカードも用意する。
  - ③ スケジュール表の中でその仕事をする適切な箇所（タイミング）に，係（仕事）カードを貼り付ける。
  - ④ 貼り付けられなかった（どの時間にする仕事なのかわからない）カードには印を付ける。
  - ⑤ 答え合わせをする。
- ●シミュレーションのポイント
  - ＊わからなかったカードや，間違ったところに貼ったカードの仕事については，学級で取材するなどして，実際に確認する。
  - ＊取材だけでなく，そのタイミングで行われる仕事をその場で実際に見てくるようにすると，より効果である。
- ●ひとくちメモ
  - ＊なぜそのタイミングでその仕事が行われるのか，理由を考える機会もつくると，仕事そのものの本質的な理解につなげることができる。

| C | S | T |
|---|---|---|
| コーチング | シミュレーション | トレーニング |

## T

## 当番ペア探し

ゲームを通じて，当番を行うタイミングを理解します。

●ねらい
　＊当番（もしくは係）を行うタイミングを知る。

●準備物
　＊「いつカード」「どこでカード」……当番を行うとき，当番を行う場所が書いてあるカード。トランプ程度の大きさで作成する。

●トレーニングの流れ
　① シャッフルしてカードを配る。
　② ババ抜きの要領で，「いつカード」「どこでカード」のセットがそろえば捨てられる。捨てるときは「〜当番」と当番の名前を言って捨てる。
　　例 「4時間目の後」カードと「教室」カードがあるときに，「給食当番」と言って捨てる。
　③ カードをすべて捨てられた人が勝ちになる。

●トレーニングのポイント
　＊まだ当番の仕事がどのタイミングで行われるかがわからない子どもが多い場合には，事前にどういった組み合わせになるかをクイズ形式などで学習しておくとよい。あるいは，組み合わせを黒板に示しておき，いつでも参照できるようにしておく。

●ひとくちメモ
　＊応用編として，その当番が何をするのかを書いた「何をカード」や，なぜその当番があるのかを書いた「なぜカード」を作って行ってもよい。当番に関する理解をより深めることができる。
　＊子どもたちに意見を聞きながら，このエクササイズのカードをいっしょに作成すると，それだけでも仕事を理解する機会になる。

【編著者紹介】
## 小貫 悟（こぬき・さとる）

明星大学人文学部教授。博士（教育学），臨床心理士，特別支援教育士SV
社団法人日本LD学会常任理事，授業のユニバーサルデザイン研究会理事
著書に，『LD・ADHDへのソーシャルスキルトレーニング』（共著，日本文化科学社，2004年），『LD・ADHD・高機能自閉症へのライフスキルトレーニング』（共著，日本文化科学社，2009年），『授業のユニバーサルデザイン入門』（共著，東洋館出版社，2014年），『特別支援教育スタンダード　校内委員会の1年間月別マニュアル』（監修，東洋館出版社，2014年）等多数

【著者紹介】
## イトケン太ロウ（伊藤健太郎）
清瀬市立清瀬第七小学校主任教諭。中央大学法学部卒業。東京都教育委員会開発研究員・教育研究員，治療教育士，日本LD学会会員，特別支援教育士

## 神田　聡
島田療育センターはちおうじリハビリテーション科心理判定員。明星大学大学院人文学研究科心理学専攻卒業。臨床心理士

## 佐藤　匠
島田療育センターはちおうじリハビリテーション科心理判定員。明星大学大学院人文学研究科心理学専攻卒業。臨床心理士

【協力】
## 世田谷区立九品仏小学校

---

## クラスで行う「ユニバーサル・アクティビティ」
～コーチング，シミュレーション，トレーニング連動のソーシャルスキル育成プログラム～

2015（平成27）年8月2日　初版第1刷発行

編 著 者　小貫　悟
著　　 者　イトケン太ロウ，神田　聡，佐藤　匠
発 行 者　錦織　圭之介
発 行 所　株式会社東洋館出版社
　　　　　〒113-0021
　　　　　東京都文京区本駒込5丁目16番7号
　　　　　（営業部）電話 03-3823-9206　FAX 03-3823-9208
　　　　　（編集部）電話 03-3823-9207　FAX 03-3823-9209
振　　 替　00180-7-96823
Ｕ　Ｒ　Ｌ　http://www.toyokan.co.jp

装　　 幀　中濱　健治
イラスト　池田　馨
印刷・製本　藤原印刷株式会社

ISBN978-4-491-03134-7　　　　　　　　　　　　Printed in Japan

JCOPY　<(社)出版者著作権管理機構　委託出版物>
本書の無断複写は著作権法上での例外を除き禁じられています。
複写される場合は，そのつど事前に，(社)出版者著作権管理機構（電話:03-3513-6969，FAX:03-3513-6979, e-mail:info@jcopy.or.jp）の許諾を得てください。